# Zwickau
## Bilder einer Stadt

Jürgen Härdler
mit Fotos von
Mike Hätterich, Markus Müller, Matthias Rose und Eberhard Wenke

## Autor

**Prof. Dr. habil. Jürgen Härdler,** Jahrgang 1943, war bis zu seiner Emeritierung im März 2009 Hochschullehrer an der Westsächsischen Hochschule Zwickau, Fakultät „Wirtschaftswissenschaften". Als Buchautor hat er bisher fünf Fachbücher einschließlich Nachauflagen und vier Sachbücher „Bauwerke in Zwickau", „Persönlichkeiten und Kostbarkeiten der Stadt Zwickau", „Schloss Osterstein – Geschichte und Geschichten um ein Zwickauer Bauwerk" in der 1. und 2. Auflage sowie das Buch „Schloss Osterstein – Auferstanden aus Ruinen" veröffentlicht. Seit 1997 betätigt er sich außerdem als ehrenamtlicher Stadtführer in der Automobil- und Robert-Schumann-Stadt Zwickau.

**Dieses Buch widmet der Autor seiner langjährigen beruflichen und wissenschaftlichen Wirkungsstätte, der Westsächsischen Hochschule Zwickau.**

## Impressum

*Exposee/Texte:*
Jürgen Härdler

*Fotos:*
Mike Hätterich
Markus Müller
Matthias Rose
Eberhard Wenke

*Gestaltung/Gesamtherstellung:*
Zschiesche GmbH
Repro-Druck-Verlag
08112 Wilkau-Haßlau
Layout: Patrick Zappe

ISBN 978-3-9812185-7-2
1. Auflage, November 2009

## Fotografen

**Mike Hätterich,** Jahrgang 1978, ist gelernter Kaufmann der Grundstücks- und Wohnungswirtschaft. Schon als Kind machte er erste Erfahrungen mit dem Fotoapparat seiner Eltern, die sein späteres Hobby als Amateurfotograf begründeten. Neben seinem erlernten Beruf absolvierte er umfangreiche Praktika bei einem Pressefotograf und jobbt seit zwei Jahren nebenbei in einem Fotoatelier im Team mit fünf weiteren Fotografen. In dieser Zeit entstanden zahlreiche Arbeiten für das „Blitz-Stadtmagazin", den Fachschaftsrat der Fakultät „WiWi" der WSH Zwickau, die Zeitschrift „Port01", das Team der „Aufbauostarchitekten" sowie für den Kabarettisten Erik Lehmann u. a.

**Markus Müller,** Jahrgang 1982, absolvierte nach seinem Realschulabschluss eine Ausbildung als Mikrotechnologe, dem 2004 das Fachabitur folgte. Seit 2005 studiert er Informationstechnik an der Westsächsischen Hochschule Zwickau. Neben seinem Studium widmet er sehr viel Zeit seinem Hobby, der Amateurfotografie. In diesem Kontext vollzog er u. a. ein einmonatiges Praktikum als Pressefotograf bei einer führenden sächsischen Tageszeitung. Außerdem fertigte er eine Vielzahl fotografischer Arbeiten für diverse Auftraggeber wie z. B. für das Mondstaubtheater und die LUEG Newcommer Night.

**Matthias Rose,** Jahrgang 1961, ist studierter Energieingenieur und Dipl.-Verwaltungs- und Betriebswirt. Ab 2000 leitet er den Geschäftsbereich Tourismus/Marketing der KULTOUR Z. GmbH. Seit ca. zehn Jahren fotografiert er die touristischen Highlights der Stadt Zwickau, ist aber auch in anderen fotografischen Genres ambitioniert.

**Eberhard Wenke,** Jahrgang 1938, Dipl.-Ing. (FH), Hobbys Sport und Fotografie. Bis zur Wende beschränkte sich das Fotografieren auf Familienereignisse und Urlaubsreisen. Danach im späteren Rentnerdasein auf Reisen im In- und Ausland und im besonderen Maße und umfangreich auf die Entwicklung unserer Heimatstadt Zwickau von grauer Tristesse zu einer sehr ansehnlichen und interessanten Stadt, aber auch Naturaufnahmen gehören zu den Fotoobjekten des Hobbyfotografen.

# Inhalt

Herzlich Willkommen 5

Stadtgeschichtliche Einführung 6

Zeugen mittelalterlicher Stadtgeschichte 8

Innerstädtische Museen und Galerien 20

Bürgerhäuser verschiedener Baustilepochen 42

Das neogotische Johannisbad 50

Bibliotheken und Archive der Stadt 54

Der Dom und andere sehenswerte Sakralbauten 60

Friedhöfe 74

Moderne Architektur 78

Das Konzert- und Ballhaus „Neue Welt" 88

Gediegene Parklandschaften und Muldeauen 92

Außergewöhnliche Skulpturen und Denkmale 104

Landgericht 112

Ungewöhnliche Wasserspiele 116

Einkaufsstadt Zwickau 120

Bildung und Wissenschaft 124

Fantastische Nachtansichten 130

Industrie und Handwerk 134

Lifestyle und traditionelle Feste 142

Zwickauer Kneipenstraße 154

Bildquellen 160

„Bin ich trübe gestimmt,
so denk ich an meine Lieben in der Heimat,
die ich liebe und die ich herzlich liebe und denke
an alle Paradiese und Blumenfluren meiner Kindheit,
an die Weißenborner Wiesen, an den Brückenberg,
an Oberhohndorf, wo ich oft selig wandelte
und wo die ganze Welt so jugendlich schön vor mir lag
und alles um mich blühte und alle Menschen Engel waren.
Sage allen, dass trotz aller Alpen mein liebes Zwickau
doch mein liebes teures Zwickau bleibt."

Zitat aus einem Urlaubsbrief Robert Schumanns aus Bern in der Schweiz, datiert vom 31. August 1829

Quelle: Robert-Schumann-Haus Zwickau

Vorwort

# Herzlich Willkommen
in der Automobil- und Robert-Schumann-Stadt Zwickau

Liebe Leserin,
lieber Leser,

gerade in den letzten Jahren sind eine Vielzahl guter Publikationen – besonders über die Historie unserer ehrwürdigen fast 900 Jahre alten sächsischen Tuchmacher-, Handels-, Bergbau- und Automobilbaumetropole – auf dem heimischen Büchermarkt erschienen, darunter allerdings ganz wenige aktuelle Bildbände. Diese Erkenntnis war für den Autor dieses Buches Ansporn und Motiv zugleich, diese Marktlücke zu schließen, und den Bürgern wie den Gästen der Stadt einen neuen, handlichen und preiswerten Bildband anzubieten.

Liebe Leserin und lieber Leser, wenn Sie sich beim ersten Durchblättern dieses Buches das Inhaltsverzeichnis etwas genauer betrachten, dann werden Sie erkennen, dass – beginnend mit einem kleinen Exkurs zur stadtgeschichtlichen Entwicklung Zwickaus – die Palette der in den 19 Kapiteln unterbreiteten Themenkomplexe sehr breit angelegt ist, denn sie reicht von den Bildern, die auch heute noch als Zeugen der mittelalterlichen Stadtgeschichte fungieren, über die Präsentation gediegener innerstädtischer Park-, Fluss- und Friedhofslandschaften und ungewöhnlicher Wasserspiele bis hin zu denen, die sehr ausdrucksstark und stimmungsvoll die urbane Gegenwart der Menschen dieser Stadt in Form traditioneller Feste zum Ausdruck bringen.

Einen breiten Raum bezüglich des Gesamtumfanges des 160 Seiten umfassenden Bilderkanons nehmen auch solche Bilder ein, die sich mit ihrer visuellen Darstellung den z. T. köstlich sanierten Bürger- und Geschäftshäusern der Innenstadt, aber auch der Bahnhofs- und Nordvorstadt verschiedener Baustilepochen von der Gotik bis zur Moderne widmen. Dabei werden die Gebäude, die auch noch heute die Silhouette der Stadt maßgebend prägen, wie das in seiner köstlich neogotischen Außenfassade gestaltete Johannisbad, der gotische bzw. im Stil der Renaissance faszinierende Dom Sankt Marien, das gleich drei Baustilepochen umfassende Gewandhaus, das den Hauptmarkt mit seiner Fülle prägende gotische Rathaus, die im Baustil der italienischen bzw. deutschen Neorenaissance geprägten Gebäude des Landgerichtes und der Justizvollzugsanstalt sowie das im Inneren ganz im Glanz des Jugendstils erstrahlende Konzert- und Ballhaus „Neue Welt" besonders beleuchtet.

Ebenfalls sehr umfangreich ist auch das Bildmaterial, welches das Spektrum der Kunst und Kultur verkörpert, wie z. B. die zahlreich vorhandenen innerstädtischen Museen, Galerien, Bibliotheken sowie die Präsentation der acht Jahrhunderte zurückreichenden Schätze des Zwickauer Stadtarchivs.

Als exklusiven Service, besonders an die zahlreichen Besucher unserer Stadt, beinhaltet dieser Bildband auch farblich herausgestellte Sondertexte, die sich mit dem Leben und Wirken vieler deutschlandweit bekannter Persönlichkeiten befassen, die allesamt mit der Vita dieser Stadt verbunden sind. Allen voran natürlich der große Komponist Robert Schumann und seine Frau, die bekannte Konzertpianistin Clara, geb. Wieck. Aber auch solche Namen wie der Techniker August Horch, der Schauspieler Gert Fröbe, der Reformator Thomas Müntzer, der Maler Max Pechstein sowie die Theaterreformatorin Caroline Neuber, der Universalgelehrte Georgius Agricola, der Kirchen- und Schlossarchitekt Gotthilf Ludwig Möckel, aber auch die beiden Ärzte Prof. Heinrich Braun und Prof. Rolf Fränkel werden mit ihren jeweiligen Kurzbiografien vorgestellt.

Ihr Autor

**Viel Freude beim Betrachten des Bildbandes!**

# Stadtgeschichtliche Einführung

Über die Entstehungsgeschichte der Stadt Zwickau wird schon seit langem viel Wahres, aber auch zum Teil Fabuliertes geschrieben und veröffentlicht. Wahr ist auf jeden Fall – weil schriftlich belegt – dass die Stadt an der Mulde nun schon auf eine fast 900-jährige Historie zurückblicken kann. Ihre erste nachweisbare Nennung erfolgte am 1. Mai 1118 durch eine Urkunde des Bischofs Dietrich I. von Naumburg. In dieser verbriefte der Bischof die Weihe einer von der Gräfin Berta von Groitzsch, der Schwiegertochter des damaligen Territorialherren Wiprecht von Groitzsch, für den slawisch besiedelten Kleingau „territorium Zcwickaw" in der heutigen Nordvorstadt gestifteten Marienkirche.

Im Zeitraum zwischen 1160 und 1170 verlagerte sich der Siedlungsschwerpunkt in das jetzige Stadtgebiet. Es entstand eine Kaufmannssiedlung, deren Mittelpunkt die heute nur noch als Bodendenkmal gegenüber dem Dünnebierhaus vorhandene Nicolaikirche (erbaut 1170) verkörperte.

Um 1180 erfolgte unter Kaiser Friedrich Barbarossa sowohl der weitere westliche Ausbau der Kaufmannssiedlung in das bis dahin unbesiedelte Areal bis hin zum heutigen Domhof, als auch die Gründung der Rechtsstadt Zwickau. Sichtbare, bis heute dominante Wahrzeichen dieser Stadterweiterung waren die Marien- und Katharinenkirche sowie die Niederungsburg „Castrum Czwickaw", Mitte des 16. Jahrhunderts in Schloss Osterstein umbenannt.

Der von Barbarossa begonnene Stadtausbau wurde später von Markgraf Dietrich dem Bedrängten und seinen Nachfahren konsequent weitergeführt, dabei erhielt die Stadt ihre auch heute noch sichtbare birnenförmige Grundrissstruktur mit in nord-südlicher Richtung verlaufenden Straßen und in westöstlicher Richtung strukturierten Gassen. Am Hauptmarkt, dem zentralen Platz der Stadt, kreuzten sich damals zwei bedeutende Fernhandelswege, die Salz- und die Frankenstraße, auch als „Böhmischer Steig" und „Polnisches Gleis" bezeichnet. Gefördert durch die Silberfunde am Schneeberg und im westlichen Erzgebirge um 1470, entwickelte sich die erste Blütezeit der Stadt. Namhafte Familien wie die der Römers, Vollstedts, Mühlpforts und Federangels waren mit Kuxen direkt am erzielten Gewinn beteiligt. Viele Zwickauer Zünfte verdienten darüber hinaus viel Geld als vorrangig produzierende Lieferanten für die Versorgung der Bergleute mit Tuchmacher- und Schmiedeartikeln. Durch diesen Silbersegen wurde die Stadt und die sie tragende Oberschicht folgerichtig zu einem wichtigen politischen, ökonomischen und kulturellen Machtfaktor im damaligen sächsischen Kurfürstentum. Kurfürst Friedrich der Weise (1486 bis 1525) titulierte Zwickau daher als „eine Perle in meinem Lande" oder auch als „Klein Venedig". Im Schlepptau dieser Entwicklung entstanden zahlreiche, auch jetzt noch sichtbare, repräsentative Bürgerhäuser, wie z. B. das Römer- und Dünnebierhaus und das Kräutergewölbe am Hauptmarkt, sowie verschiedene Kommunalbauten, so u. a. die Lateinschule, zwei Kornhäuser und das Gewandhaus, aber auch prachtvolle Sakralumbauten an der Marien- und Katharinenkirche im spätgotischen bzw. frühen Stil der Renaissance. Die Stadt Zwickau avancierte am Übergang des 15. zum 16. Jahrhundert zur größten und bevölkerungsreichsten Stadt (7365 Einwohner) im ernestinischen Kurfürstentum Sachsens und später zur drittgrößten Kommune Gesamtsachsens.

In den folgenden drei Jahrhunderten gab es tiefe negative Einschnitte für die bis dahin so überaus prosperierende Stadtentwicklung. Verantwortlich dafür waren die zahlreichen Kriege, wie der Schmalkaldische Krieg (1546/47), der Dreißigjährige Krieg (1618 bis 1648) sowie der Siebenjährige Krieg (1756 bis 1763) und die daraus resultierenden personellen wie materiellen Kollateralschäden. In diesem Zeitraum mutierte die Stadt zu einer unbedeutenden sächsischen Kommune, welches sich auch in dem negativen Trend der Bevölkerungsentwicklung widerspiegelte. So betrug die Einwohnerzahl 1837 ganze 9.800 Einwohner.

Erst mit dem Zeitalter der Industrialisierung, Mitte des 19. Jahrhunderts, erwachte die Stadt wieder aus ihrem Dornröschenschlaf, und es begann ab 1840 die zweite Blütezeit Zwickaus. Dies resultierte vor allem aus der Erfindung und dem industriellen Einsatz der Dampfmaschine in Deutschland und der daraus abgeleiteten Gier nach Steinkohle. Der Steinkohlenabbau avancierte in der Folgezeit über einen sehr langen Zeitraum – exakt bis zum Jahre 1978 – zum hauptsächlichen Industriezweig und damit größten Arbeitgeber der Stadt.

Der neu erworbene Reichtum löste einen erneuten Bauboom in der Stadt aus, was dazu führte, dass besonders die gotischen Häuser rund um den Hauptmarkt durch repräsentative, großstädtisches Flair verbreitende Gründerzeitbauten ersetzt wurden. Darüber hinaus entstanden viele administrative Neubauten, wie z. B. das jetzige Landgericht (1879), das ehemalige kaiserliche Post- und Telegrafenamt (1884) und die heutige Justizvollzugsanstalt (1901). Aber auch die städtische Infrastruktur partizipierte aus dieser Entwicklung, denn es entstanden eine Vielzahl besonders neuer Ausfallstraßen, ein weit verzweigtes Kohlebahnnetz sowie der Anschluss Zwickaus (1845) an das Sächsisch-Bayerische Eisenbahnnetz. Als Folgeindustriezweige des Bergbaus schossen eine Reihe neuer Industriebetriebe wie Pilze aus dem Boden. Stellvertretend sollen an dieser Stelle nur folgende zum Teil später sogar weltrufverkörpernde Firmen genannt werden, wie die „Königin-Marien-Hütte" (1840), die „Zwickauer Maschinenfabrik" (1842), die „Tonwarenfabrik Fikentscher" (1846), die „Grubenlampenfabrik Frieman & Wolf" und die „August Horch AG" (1903).

Die beiden Weltkriege hinterließen leider auch in Zwickau eine Vielzahl von personellen wie materiellen Wunden. Vor allem der letzte große Luftangriff der Alliierten am 19. März 1945 hinterließ schreckliche Spuren, besonders im Bereich des Bahnhofssektors und Flugplatzes sowie am Areal des Haupt- und Kornmarktes.

Mit dem Kriegsende erfolgte auch in Zwickau der sofortige tatkräftige Wiederaufbau, vorrangig mit dem Ziel der innerstädtischen Schließung der Baulücken. Erst Jahre später wandte man sich – wie man es auch heute noch an der Ostseite der Innenstadt sehen kann – dem industriellen Plattenbau von Wohnungen und Kommunalbauten zu. Zu DDR-Zeiten entwickelte sich die Stadt zu einem pulsierenden Industriestandort mit einem breit gefächerten Branchenmix, beginnend bei der Textil-, Chemie- und Bauindustrie, über den Maschinen- und Fahrzeugbau (PKW-Trabant) sowie der Elektrotechnik bis hin zum schon mehrfach genannten Steinkohlenbergbau. Letzterem verdankt die Stadt, zusammen mit zwei innerstädtischen Großkokereien und der daraus resultierenden Umweltbelastung, den negativ schmückenden Beinamen „Rußzwicke". Nicht unerwähnt bleiben darf in diesem Kontext die Erwähnung, dass Zwickau während der DDR-Epoche über zwei universitäre Einrichtungen (TH & PH Zwickau) verfügte. 1988 betrug die Einwohnerzahl der Stadt 122000 Personen.

Nach der Wende im Jahre 1989/90 bestand auch für die Stadt Zwickau und die meisten seiner Bürger das Erfordernis, den erfolgversprechenden wirtschaftlichen Strukturwandel zu vollziehen, denn viele der alteingesessenen Betriebe verschwanden für immer von der Bildfläche und neue, vorwiegend des verarbeitenden Gewerbes und der Hochtechnologie, wie z. B. VW Sachsen GmbH, FES Fahrzeugentwicklung Sachsen GmbH, Johnson Controls GmbH & Co. KG oder die Schwarz Pharma GmbH etablierten sich. Großer Wert wurde in den letzten Jahren auch auf die Verbesserung der territorialen und regionalen Infrastruktur durch den verstärkten Aus- und Neubau mehrerer Bundes- und Staatsstraßen sowie auf eine qualitativ verbesserte Wohn- und Lebensqualität gelegt. So entstanden z. B. eine Reihe neuer Kauf- und Parkhäuser bzw. Handels- und Dienstleistungseinrichtungen. Auch das größte innerstädtische Nadelöhr auf der B 93 wurde durch den Neubau (2008) eines Stadttunnels beseitigt. Seit kurzem erstrahlt die ehemals hässlichste Ruine der Innenstadt, das Schloss Osterstein, wieder in seiner ehemaligen Schönheit der Renaissance. Auch auf dem kulturellem Gebiet und im Bereich des Lifestyles wurden nennenswerte Verbesserungen durch den Neubau einer Stadthalle sowie durch Sanierungen des Konzert- und Ballhauses „Neue Welt" und des Gewandhauses als Spielstätte des Städtischen Theaters sowie des „Johannisbades" erreicht.

In der Gegenwart verkörpert die Stadt Zwickau mit ihren derzeit rund 94000 Einwohnern das wirtschaftliche und kulturelle Oberzentrum für den 2008 neu gebildeten „Landkreis Zwickau" mit 33 Kommunen (darunter 14 Städte) und 351000 Einwohnern.

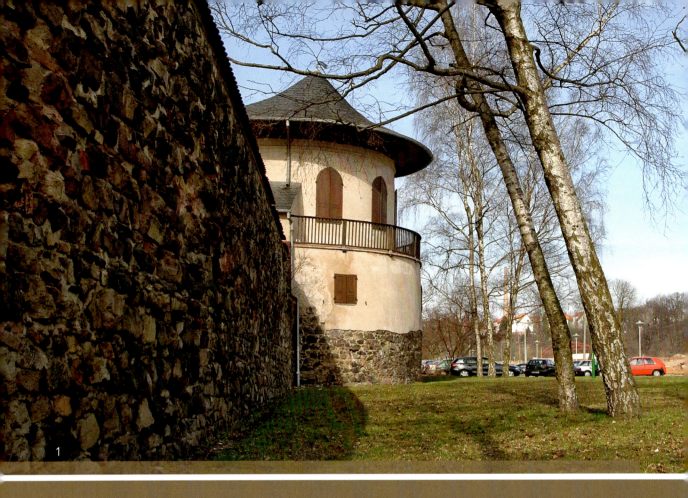

## Zeugen mittelalterlicher Stadtgeschichte

Wie bereits bei der historischen Einführung erwähnt, blickt Zwickau auf eine fast 900-jährige wechselvolle Stadtgeschichte zurück.
Bereits Ende des 13. Jahrhunderts erhielt die Stadt ihren charakteristischen birnenförmigen Grundriss, wobei die Stadtbefestigung in Form einer steinernen Stadtmauer mit einer Vielzahl von integrierten Bastionen, wie dem Pulverturm und einem breiten vorgelagerten Wassergraben erfolgte.
Es entstanden außerdem eine Vielzahl auch heute noch zu bewundernder repräsentativer Wohn- und Geschäftshäuser sowie Kommunalbauten, wie z. B. das im gemeinsamen Baustil der Gotik und Renaissance gestaltete Gewandhaus, das ebenso gotische Rathaus und die gleichfalls z. T. in dieser Epoche im Bau begonnenen Priesterhäuser sowie das heute noch zur Ruine verkommene Kornhaus.
In dem auch in diesem Kontext erwähnten Schloss Osterstein, dessen erste urkundliche Erwähnung bereits 1292 erfolgte, residierten ab 1308 mehrere vom jeweiligen Landesherrn eingesetzte markgräfliche bzw. kurfürstliche Amtshauptleute. 1403 wurde die Burg nach einem verheerenden Stadtbrand fast völlig zerstört. Von 1587 bis 1590 erfolgte – unter der Regie von Hans Irmisch – der letzte große Umbau zu einem der repräsentativsten Renaissanceschlösser Sachsens.
Das Bauwerk diente den Markgrafen und Kurfürsten (u. a. Friedrich der Weise, Herzog Johann, August der Starke) vorrangig als Reisequartier. Aber auch solche zeitgeschichtlich hervorragenden Persönlichkeiten wie Martin Luther, General Wallenstein sowie der Politiker August Bebel und der Volksschriftsteller Karl May sind mit der Vita des Bauwerkes, wenn auch in differenzierter Art und Weise, eng verbunden.
Von 1775 bis 1962 fungierte das Schloss 187 Jahre lang als Straf- und Gefangenenanstalt.
Nach einer rund dreijährigen Sanierung beherbergt das Bauwerk ab November 2008 eine Seniorenwohnanlage mit breiter multivalenter öffentlicher Teilnutzung.

1 | **Stadtmauer mit Pulverturm**
Rudimente der 1327 bzw. 1460 errichteten steinernen Stadtbefestigung

2 | **Vorderseite des Gewandhauses**
erbaut zwischen 1522 und 1525 vom Baumeister Friedrich Schultheiß als Zunfthaus der Tuchmacherinnung, seit 1863 Zwickauer Stadttheater und seit 2000 Spielstätte der fusionierten Theater Plauen-Zwickau

3 | **Szenenbild**
aus der Oper „Rigoletto"

### Gert Fröbe (1913 – 1988)

Gert Fröbe wurde am 25. Februar 1913 im heutigen Zwickauer Stadtteil Planitz geboren.

Waren vorerst das elterliche Geschäft, das Gymnasium und der Sportplatz des Planitzer Sportclubs das vertraute Zuhause des sommerprossigen Jungen, kamen später Malen, Zeichnen und das Geigenspielen hinzu. Mit 20 Jahren lässt er die Abiturprüfung sausen, fährt per Anhalter nach Dresden, um Kunst zu studieren. Das Abenteuer endet als Bühnenmalerlehrling im Dresdner Schauspielhaus. Der große Erich Ponto erkennt seine schauspielerische Begabung und wird sein Lehrer. Mit dem Diplom in der Tasche startet er 1936 seine erfolgreiche Schauspielerkarriere in Wuppertal, später sind Frankfurt und Wien seine Stationen. Nach 1945 schlägt er sich an deutschen Varietés durch. Mit dem Film „Berliner Ballade" begann 1948 seine großartige Film- und Fernsehkarriere. Gert Fröbe erhielt eine 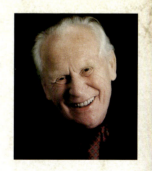 Vielzahl von Auszeichnungen, so u. a. den Preis der Deutschen Filmkritik, das Blaue Band der amerikanischen Filmindustrie, den Silbernen Bambi, das Große Verdienstkreuz des Verdienstordens der Bundesrepublik Deuschland sowie die Goldene Kamera. Er war Ehrenbürger der französischen Stadt Cognac.

Gert Fröbe starb am 5. September 1988 in München.

1 | **Neogotische Vorderseite des Rathauses**
erbaut 1404 auf den Resten eines vor dem Großen Zwickauer Stadtbrand von 1403 vorhandenen Vorgängerbaus

2 | **Glasfenster im Treppenaufgang**
gestaltet 1962 vom Werdauer Künstler Heinz Lanzendorf mit expressionistischen Motiven zur Darstellung der wechselvollen Zwickauer Stadtgeschichte

3 | **Innenansicht der Jacobskapelle**
im Rathaus errichtet 1473 im spätgotischen Stil von Baumeister Arnold von Westfalen mit einem dreijochigen Kreuzrippengewölbe und z. T. barocker Ausmalung sowie einem Renaissancebogenportal, gestaltet 1540 von Paul Speck

Zeugen mittelalterlicher Stadtgeschichte

**Ältestes Ratssiegel** von 1290 und Insignien (Pokal, graviert 1474 sowie Kruzifix mit Kette aus dem 16. Jahrhundert) des Ratssilberschatzes umrahmt von der aktuellen Amtskette des Zwickauer Stadtoberhauptes.

Zeugen mittelalterlicher Stadtgeschichte

1 | Außenansicht des Schlosses Osterstein
  erstmals als „Castrum Czwickaw" urkundlich
  erwähnt, im Zeitraum von 2006 bis 2008
  grundlegend saniert und seither als
  Seniorenwohnanlage genutzt
2 | Porträt Dr. Martin Luther (1483 – 1546)
3 | Porträt General Wallenstein (1583 – 1634)
4 | Porträt August Bebel (1840 – 1913)
5 | Porträt Karl May (1842 – 1912)
6 | Blick in den Innenhof des Schlosses
  während der 9. Nacht der Schlösser 2009
7 | Innenansicht der „Großen Hofstube"
  während einer Schlossführung

**1 | Grünhainer Hof**
errichtet 1240 als Zwickauer Verwaltungssitz des 1238 im erzgebirgischen Grünhain gegründeten Sankt Nikolausklosters (ab 1548 als Lateinschule und ab 1835 als Gymnasium genutzt; heute: Aula der Westsächsischen Hochschule Zwickau)

**2 | Rundbogenportal**
mit gotischen Sitznischen

**3 | Schlussstein**
des Kreuzrippengewölbes

**4 | Blick in den Innenraum** der ehemaligen Kapelle mit einem durch einen imposanten Mittelpfeiler getragenen kreuzrippengewölbten zweijochigen Raum mit tiefer liegendem Vorraum (beide Räume sind heute Bestandteile der Gaststätte „Grünhainer Kapelle")

Zeugen mittelalterlicher Stadtgeschichte

### Dr. Georgius Agricola (1494 – 1555)

*Georgius Agricola, mit bürgerlichem Namen Georg Bauer, wurde als zweites von sieben Kindern eines Tuchmachers und Färbers am 24. März 1494 in Glauchau geboren.*

*Von 1514 bis 1518 studierte der hochbegabte Studiosus in einem ersten Studium alte Sprachen an der Universität Leipzig bei dem damals angesehenen Humanisten Professor Petrus Mosellanus. Auf Empfehlung des Hochschullehrers kommt er als blutjunger baccalaureus artium an die Zwickauer Lateinschule und wird dort Konrektor bzw. Rektor. Mit jugendlichem Elan und kreativen pädagogischen Ideen schuf er einen neuen Schultyp mit Latein, Griechisch und Hebräisch in Kombination mit solchen gewerblichen Fächern, wie z. B. dem Acker- und Weinbau. 1522 beginnt er ein Medizinstudium in Leipzig, welches er in Italien mit dem Doktortitel in der Tasche abschließt. 1527 heiratete Agricola die Witwe Anna Meyner aus Chemnitz und ließ sich anschließend als Arzt und Apotheker im erzgebirgischen Joachimsthal nieder. Ab 1531 wurde er Stadtarzt in Chemnitz und begleitete sogar viermal das Bürgermeisteramt der Stadt, außerdem betätigte er sich als sächsischer Hofhistoriograph.*

*Als Universalgelehrter forschte er im Bereich des Bergbaus, der Mineralogie, der Metrologie, der Alchemie, der Pharmazie, der Pädagogik und Medizin und veröffentliche auf diesen Gebieten herausragende Forschungsergebnisse. Durch sein Erstlingswerk „Bermannus, sive de re metallica" (1530), in dem er die Fortschritte in der Bergbautechnik und dem Vermessungswesen beschreibt, wird er zum Begründer der modernen Montanwissenschaften. Durch seine 1546 veröffentliche Mineralsystematik wird er auch als „Vater der Mineralogie" bezeichnet.*

*Georgius Agricola, der insgesamt zweimal verheiratet war und sechs Kinder hatte, starb am 21. November 1555, im Alter von 61 Jahren, in Chemnitz. Begraben wurde der Katholik aber in der Schlosskirche in Zeitz.*

1 | **Hofseite des Bürgerhausensembles**
Hauptmarkt 19/Alter Steinweg 1 mit rundem und polygonalem Wendelstein auf der Hofseite sowie typischen Parallelogrammfenstern, als der ausdrucksstarken Formensprache der Renaissance

2 | **Bemalter Deckenbalken mit Schriftzug**

3 | **Innenansicht des Renaissancesaales von 1633**
gelegen im 1. Obergeschoss des um 1567/68 gebauten Bürgerhauses am Hauptmarkt 19, heute vorrangig genutzt für Empfänge, Feierlichkeiten und Konzerte

4 | **Innenansicht des Treppenturms**

5 | **Originalkapitell im Fensterbereich**
mit den Initialen des damligen Eigentümers Hans Vollstedt

6 | **Freigelegte Wandmalerei mit Inschrift**

Zeugen mittelalterlicher Stadtgeschichte

1 | **Römerhaus am Hauptmarkt 8**
   erbaut 1479 als gotisches Wohnhaus mit einem imposanten dreistöckigen Treppengiebel des reichsten Mannes seiner Zeit in Kursachsen, Martin Römer

2 | **Familienwappen**
   von Martin Römer und seiner Frau Katharina Tretwein in der damals üblichen Zahlenschreibweise (die Konsolsteine mit dem plastischen Antlitz beider Personen befinden sich übrigens in der Brauthalle des Mariendoms)

### Martin Römer (14?? – 1483)

Der vermutlich aus dem Chemnitzer Raum stammende Martin Römer, über dessen Geburtsjahr sowie Kinder- und Jugendzeit nichts Näheres bekannt ist, kam Ende der 1450er Jahre, nach Zwickau. Bereits 1460 leitete er zusammen mit seinem Freund Hans Federangel einen zunächst wenig rentablen Grubenbetrieb auf dem Schneeberg im nahen Erzgebirge. Als er im Jahre 1461 Katharina Tretwein heiratete, vergrößerte er erheblich sein Vermögen und avancierte 1462 zum zweitreichsten Bürger der Stadt. Wenig später wurde er – vermutlich wegen seines vielen Geldes und seiner hervorragenden kaufmännischen Fähigkeiten – zum Ratsmitglied gewählt. Zunächst war er Fernhändler, der mit Tüchern und Metall handelte, später avancierte er zum Bergbauunternehmer sowie Amts- und Berghauptmann. Römer ließ 1473 den „Großen Teich", den heutigen Schwanenteich anlegen. Im Februar 1470 wurden er und sein Bruder Niclas infolge ihres Reichtums von Kaiser Friedrich III in den Adelsstand erhoben. Noch im September des gleichen Jahres schlug ein Knappe in seiner Schneeberger Fundgrube das erste Silber an. Damit war er plötzlich der erfolg- und einflussreichste Bergwerksbesitzer in Sachsen, und die Landesfürsten vertrauten ihm das hohe Zehntamt auf dem Berge an, eine Vertrauensstellung, die er bis zu seinem Tode begleitete. 1475 wurde er zum Amtshauptmann der Städte Zwickau und Schneeberg ernannt. 1476 nahm er an einer Wallfahrt Herzog Albrechts nach Rom und Palästina teil. Die Stadt Zwickau hat ihm viel zu verdanken. So war er sowohl Wohltäter für die Armen als auch vielfältiger Mäzen. Viele auch heute noch zu bestaunende Bauwerke, wie z. B. das Dünnebier- und Kornhaus sowie sein Wohnhaus und das Kräutergewölbe am Hauptmarkt und der Wohlgemut-Altar im Dom, sind eng mit seinem Namen verknüpft.

Martin Römer starb 1483 an der Pest und liegt in Form eines Erbbegräbnisses im Dom Sankt Marien begraben.

Zeugen mittelalterlicher Stadtgeschichte

**Postmeilensäule**
am Zentrumsbahnhof geschaffen im Jahre 2002 vom Bildhauer Wolfgang Jacob aus Gundelfingen als Replik der 1725 am ehemaligen Oberthor aufgestellten Distanzsäule mit Initialen der Stadttore, Entfernungsangaben in Wegstunden und Wappen. Gestiftet wurde das Kunstwerk von der in Zwickau geborenen und jetzt in Freiburg im Breisgau lebenden Mäzenin, Frau Gisela Meierkord

# Innerstädtische Museen und Galerien

Im spätmittelalterlichen Robert-Schumann-Haus befinden sich derzeit etwa 10000 Originalhandschriften des Ehepaars Schumann in Form von Jugenddichtungen, Briefen, autographischen Noten, Reisenotizen, Tagebüchern, wertvollen Porträts sowie Originalinstrumente.

Was das August Horch Museum betrifft, so kann man dort auf zirka 3000 qm Ausstellungsfläche nicht nur die Würdigung eines großen deutschen Autopioniers erfahren, man kann auch die über 100 Jahre während Geschichte des Zwickauer Automobilbaus an über 80 Großexponaten live erleben. Neuerdings werden auch die Produktionsweisen der damaligen Zeit an durch Treibriemen angetriebenen Werkzeugmaschinen demonstriert.

Im zweiten Automobilmuseum, dem Internationalen Trabantregister, dreht sich alles um die Vita des ostdeutschen Kultmobils, dem Trabant. In der Exposition wird das Leben des Kleinwagens und seiner Besitzer durch zahlreiche Exponate, Bilder und persönliche Erlebnisberichte wiedergegeben.

In den Städtischen Kunstsammlungen gibt es sowohl ständig wechselnde Ausstellungen zeitgenössischer Künstler neben spätgotischer sakraler Plastik des westsächsischen Raumes als auch eine Dauerausstellung des gebürtigen Zwickauer Brücke-Künstlers Max Pechstein.

Die Mineralogisch-Geologische Sammlung beinhaltet über 16000 hochkarätige Exponate. Damit gehört sie neben der des Schlosses Freudenstein zu den ganz großen ihres Genres in Sachsen.

Was die Priesterhäuser angeht, die ab 1264 im Verlaufe von zwei Jahrhunderten errichtet und in den letzten Jahren behutsam saniert wurden, so gelten diese als eine der frühesten aus Stein gebauten Häuser Sachsens. Als Museum ausgebaut, sind sie überaus authentische Zeugnisse der mittelalterlichen Wohnkultur.

Die genannte Galerie am Domhof ist nicht nur das ständige Domizil für zahlreiche Kunstzirkel und wechselnde Ausstellungen sowie Podium zur Aufführung neuer Musik, nein, hier kann man auch die Kunstobjekte unterschiedlichster Gattungen direkt vor Ort käuflich erwerben.

### Robert Schumann (1810 – 1856)

*Robert Schumann, der als der größte Sohn der Stadt gilt, wurde als fünftes und jüngstes Kind der aus Thüringen stammenden Familie August und Christiane Schumann in einem imposanten Bürgerhaus am Zwickauer Hauptmarkt geboren.*

*Als Kind wuchs er trotz einer plötzlichen Krankheit seiner Mutter in einer wohlbehüteten Atmosphäre auf. Ab 1817 zieht die Familie in ein am nordöstlichen Part des Hauptmarktes gelegenes Bürgerhaus um, wo die Verlagsbuchhandlung bis ins Jahr 1840 nachweisbar ist. Das Gebäude selbst wurde 1945 durch Bomben zerstört. In diesem, auch als Jugendhaus Robert Schumanns tituliertem Gebäude, verbringt der heranwachsende Jüngling – gefördert durch die positive Persönlichkeitsstruktur der Eltern – eine für das ganze spätere Leben prägende Zeit. Mit sechseinhalb Jahren wird er in eine Privatschule eingeschult, bereits mit sieben lernt er Latein, im achten Französisch und Griechisch und mit reichlich neun Jahren wechselt er in die vierte Klasse eines Lyzeums. In dieser Zeit beginnt er auch zu komponieren und wenig später zu dichten. Er gründet mit Mitschülern einen literarischen Verein und gestaltet Musikabende im elterlichen Wohnhaus. Mit einem glänzenden Abitur in der Tasche beginnt er 1828 ein von ihm ungeliebtes Studium der Jurisprudenz an der Leipziger Universität. Nach dem nach zwei Jahren abgebrochenen Jurastudium nimmt er in Leipzig Klavierunterricht bei Friedrich Wieck, belegt Kompositionskurse und kreiert 1832 sein erstes größeres Werk, die „Sinfonie g-Moll", auch als Zwickauer Sinfonie bezeichnet. 1834 erfolgt durch ihn die Gründung und Herausgabe der „Neuen Zeitschrift für Musik". Ein Jahr später besucht Robert Schumann ein Konzert der jungen Pianistin Clara Wieck im Casinosaal des Zwickauer Hotels „Zur Grünen Tanne", fünf Jahre später, am 12. September 1840 wird sie seine Frau. Aus der Ehe der Schumanns gingen acht Kinder hervor. Letztmalig besuchte das Ehepaar die Stadt Zwickau im Juli 1847 im Rahmen eines Festkonzertes im Zwickauer Gewandhaus. Der große Komponist Robert Schumann hinterließ seiner Nachwelt zirka 160 Werke. Als die wohl bekanntesten gelten die „Kinderszenen" (op. 15) mit der „Träumerei", die Sinfonie Nr. 1, B-Dur (op. 38), die „Frühlingssinfonie" und die Sinfonie Nr. 3, Es-Dur (op. 97) sowie das Klavierkonzert a-Moll (op. 54). Robert Schumann starb am 29. Juli 1856 und wurde in Bonn beigesetzt.*

**1 | Robert-Schumann-Haus**
gebaut um 1450 am Zwickauer Hauptmarkt, 1954 wegen Baufälligkeit infolge von Hochwasserschäden abgebrochen und 1956 auf den originalen Grundmauern wiedererrichtet, heute Nationale Forschungs- und Gedenkstätte

1 | **Geburtszimmer von Robert Schumann**
ausgestattet mit Möbeln und anderen persönlichen Gegenständen der Familie Schumann sowie dem Originalflügel von Clara Wieck aus dem Jahre 1825/28

2 | **Büste Robert Schumanns**
geschaffen von Peter Götting, Düsseldorf, März 1852

3 | **Abgangszeugnis Robert Schumanns**
vom Zwickauer Lyzeum im März 1828

4 | **Eröffnungsband**
der „Neuen Zeitschrift für Musik" erschienen 1834

5 | **Konzertprogramm**
mit der Aufführung der Ouvertüre zu Schillers „Braut von Messina" und der Sinfonie Es-Dur op. 97

6 | **„Kinderszenen"**
op. 15 Nr. 1 „Von fremden Ländern und Menschen" Widmungsautograph Schumanns für seine Schwägerin Marie Wieck

7 | **Büste Clara Schumanns**
geschaffen von Friedrich Hausmann, 1896

1

2  Audi  DKW  Horch  Wanderer

Innerstädtische Museen und Galerien

1 | **Eingangsbereich des August Horch Museums**
mit einem Audi-Cabriolet vom Typ Horch 853
2 | **Vier Ringe - Markenzeichen der Auto Union**
Fahrzeuge der Marken „Audi", „DKW", „Horch"
und „Wanderer" symbolisieren den im Jahr 1932
erfolgten Zusammenschluss zur Auto Union AG
3 | **Horch 12/28 PS „Phaeton" (Baujahr 1911)**
Dieser Horch-Tourenwagen mit Rechtssteuerung,
luftbereiften Rädern auf Holzfelgen, außen liegender Handschaltung und Handbremse sowie einem
auf dem Trittbrett installierten Entwickler gilt als
Glanzstück der gesamten Ausstellung
4 | **Audi 14/35 PS vom Typ C**

1 | **Standard-Tankstelle**
Anfang der 1930er Jahre mit zwei Horchfahrzeugen (links ein Horch 375 Pullman-Limousine und rechts ein Audi Typ SS „Zwickau" Pullman-Landauline)

2 | **Arbeitszimmer von August Horch**
mit vielfältigen originalen Ausstattungsutensilien im Zeitraum zwischen 1910 und 1930

3 | **Horch Rennwagen (Baujahr 1938)**
vom Typ C mit 520 PS und
360 km/h Höchstgeschwindigkeit. Mit diesem Fahrzeug erzielten u. a. die Fahrer Bernd Rosemeyer und Hans Stuck zahlreiche Grand-Prix-Siege und Geschwindigkeitsrekorde

Innerstädtische Museen und Galerien

### Dr. e. h. August Horch (1868 – 1951)

Geboren wurde August Horch am 12. Oktober 1868 als Sohn einer alteingesessenen Schmiede- und Winzerfamilie in der Moselgemeinde Winningen.

Nach dem Besuch der Volksschule erlernte er traditionsgemäß den väterlichen Schmiedeberuf. Nach bestandenem Gesellenbrief ging er auf die Walz. Über die Stationen Heidelberg, Pforzheim, Stuttgart, Ulm und Wien führte sein Weg sogar bis in den fernen Balkan. Geprägt durch die dabei gemachten Erfahrungen reifte schließlich sein Entschluss zum Studieren. Im Wintersemester 1855 schrieb er sich zum Ingenieurstudium im Technikum Mittweida ein. Nach seinem erfolgreich absolvierten Studium ging er als Konstrukteur in die Eisengießerei Rostock. Über die Etappen des Schiffs- und Dampfmaschinenbaus gelangte er in die Konstruktionsabteilung eines Leipziger Unternehmens, welches Petroleummotoren fertigte. Bei einer erstmaligen Vorführung eines benzinangetriebenen Motorrades im Jahre 1896 vernahm Horch die Kunde der Firma Benz in Mannheim, diese Antriebsaggregate auch für Autos zu nutzen. Er bewarb sich dort und wurde Assistent des Betriebsleiters des Gasmotorenbaus, wenig später Chef der Motorenwagenproduktion. Infolge von Unstimmigkeiten über technische Details kam es zum Bruch zwischen Horch und Benz, in derem Ergebnis Horch 1899 die Firma verließ. Er ging nach Köln und hielt sich dort in einem leer geräumten Pferdestall mit Reparaturarbeiten über Wasser. Im Dezember 1900 erblickte der erste „Horch" mit 5 PS und einer Höchstgeschwindigkeit von 32 km/h („Tonneau") das Licht der Autowelt. Im Januar 1902 ging die Firma in Konkurs und wurde von einem Plauener Fabrikanten gekauft, der die Fertigungsanlagen nach Reichenbach/V. verbrachte. Dort wurde erstmalig ein „Horch" Vierzylinder mit 22/25 PS konstruiert und gebaut. Durch eine fehlende räumliche Ausdehnung verlegte Horch den Firmensitz („Horch & Cie. Motorenwerke AG Zwickau") 1904 nach Zwickau. Durch die Teilnahme an hochkarätigen Ausstellungen und Zuverlässigkeitsfahrten gewann die Marke an Renommee. Trotz gesteigertem Umsatz kam es zu Meinungsverschiedenheiten zwischen Horch und seinen Aktionären; er wurde im Juni 1909 entlassen. Daraufhin gründete er in der Nähe seines alten Werkes eine neue Firma mit dem Namen „Audi", in der er bis Februar 1920 als Mitglied der Geschäftsführung tätig war. Von Zwickau aus ging er nach Berlin, wo er sich in verschiedenen Automobilgremien etablierte.

August Horch starb am 03. 02. 1951 und wurde in Winningen begraben.

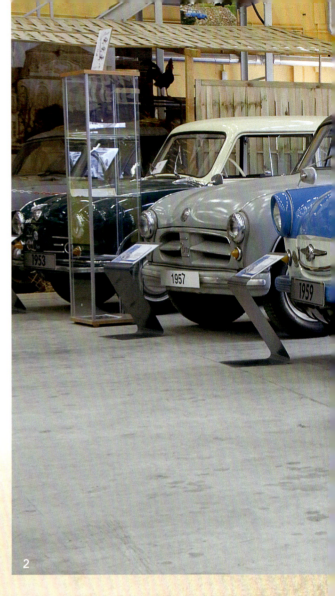

1 | **PKW Trabant 601 S – Kombi universal**
mit Dachzelt "Sachsenruh"

2 | **Ausstellungssektor mit Fahrzeugen**
der Produktpalette des VEB Sachsenring
Automobilwerke Zwickau vom P 70 und
P 50 bis zum Trabant 1.1

3 | **PKW Trabant 601**
Schnittdarstellung

4 | **Blick auf die Duroplaststrecke**
zur Fertigung der Karosseriebeplankung
des Trabant

Innerstädtische Museen und Galerien

Innerstädtische Museen und Galerien

## Max Pechstein (1881 – 1955)

Max Pechstein wird als Sohn einer Arbeiterfamilie Silvester 1881 in der Zwickauer Bahnhofstraße 36 geboren.

Mit 19 Jahren, also im Frühjahr 1900 macht er sich auf, mit einem ausgezeichneten Lehrzeugnis als Dekorationsmaler die Welt zu erobern. Es zieht ihn nach Dresden in die dortige Kunstgewerbeschule, danach an die Akademie der Bildenden Künste. Er wird Meisterschüler bei Prof. Gußmann und verlässt die Einrichtung mit dem Sächsischen Staatspreis. Kunstbesessenheit, karges Leben und viele Nebenjobs halfen ihm weiter. Rasch wachsende Betriebe im Zeichen der kapitalistischen Industrialisierung und expandierende Großstädte bringen neue soziale Widersprüche, brechen alte Lebens- und Denkweisen auf. Aus der Konfrontation mit dem rapiden Entwicklungstempo von Technik und Wirtschaft und deren Konflikten wächst bei nicht wenigen Künstlern jener Zeit die Haltung „Zurück zur Natur!" 1905 gründen in Dresden Erich Heckel, Ernst Ludwig Kirchner und Karl Schmidt-Rotluff die Künstlergemeinschaft „Die Brücke", die zu den Wegbereitern des Expressionismus in Deutschland gerechnet wird. Pechstein wird 1906 Mitglied der Gruppe. Vereinfachung natürlicher Formen, grobe zeichnerische Umrisse, starkfarbige Flächen und Kontraste mit Komplementärfarben sind kennzeichnend für diese Kunstrichtung und Gruppe. Kennzeichnend für die Brücke-Künstler ist auch, dass sie ihre Bildmotive aus dem Alltagsleben entnahmen und Landschaften meist vor Ort (z. B. Palau-Inseln, Südsee-Inseln, Nidden, Leba) gemalt werden. Besonders Pechstein gelingt es mit seinen Bildern, „die kompliziert und verschraubt gewordenen Lebensäußerungen des modernen Menschen auf die materielle und seelisch einfachen Formen zurückzuführen". Er zeigt die Menschen nicht im Konflikt, sondern in Harmonie mit der Natur. 1915 muss er an die Westfront, kehrt vom Krieg unversehrt zurück und wird in Berlin Mitbegründer des „Arbeitsrates für Kunst" und der „Novembergruppe". 1822 wird er Mitglied der Preußischen Akademie der Künste, erhält eine Professur und 1928 bzw. 1930 den Preußischen und Deutschen Staatspreis sowie Ehrendiplome und Preise von Mailand, Bordeaux, Wien und Pittsburgh. Im Dritten Reich werden seine Bilder als „entartete Kunst" geächtet. 1945 erhält er ein Lehramt an der Berliner Hochschule für Bildende Künste; 1952 das Große Verdienstkreuz der Bundesrepublik.

Am 29. Juni 1955 stirbt Max Pechstein in Berlin.

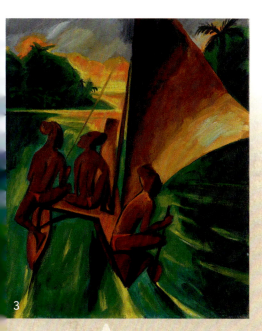

1 | **Außenansicht des Museumsgebäudes**
der Städtischen Museen Zwickau, geschaffen 1914 vom Zittauer Architekten Richard Schiffner

2 | **Max Pechstein**
Blumen, Flasche und Spiegel, 1918
Öl auf Leinwand (Inv.-Nr. 2008/007/K1)

3 | **Max Pechstein**
Im Kanul, 1917
Öl auf Leinwand (Inv.-Nr. 1997/73/K1)

Innerstädtische Museen und Galerien

1 | **Ständige Gemäldesammlung**
  Abteilung „Klassizismus bis Romantik"
2 | **Ständige Gemäldesammlung**
  Abteilung „Jugendstil und Impressionismus"
3 | **Ständige Gemäldesammlung**
  Abteilung „Gegenwartskunst"
4 | **Sakrale Skulpturensammlung**
  Ausstellung von der Gotik bis zum Barock
5 | **Schwerspat**
  im Focus einer Ausstellungsvitrine mit Mineralien aus dem Freiberger Bergrevier

1 | Landschaft mit Bauern um 1660
   Gemälde von Ambrosius Brueghel und Abraham Teniers, Öl auf Leinwand (Inv.-Nr. 1996/94/K1)
2 | Der Marktplatz von Zwickau 1833
   Gemälde von Johann Gottfried Pulian, Öl auf Leinwand (Inv.-Nr. V/79/18/K1)
3 | Wannseegarten 1924
   Gemälde von Max Liebermann, Öl auf Holz (Inv.-Nr. L/318)

1 | **Außenansicht der Priesterhäuser**
    Domhof 5 - 8, errichtet zwischen dem 13. und 15. Jahrhundert
2 | **Gelehrter Christian Daum**
    Rektor der Zwickauer Lateinschule, Kleidung nach historischen Vorbildern des 17. Jahrhunderts
3 | **Ratsherrengespräch**
    zwischen Bürgermeister Herrmann Mühlpfort (Amtszeit von 1521 bis 1533) und einem Zwickauer Handwerksmeister. Im Hintergrund befindet sich ein Schrank von 1500 aus Holz mit Eisenbändern, die Bekrönung beinhaltet spätgotisches Maßwerk
4 | **Eisenbeschlagene Holztruhe**
    aus dem 17. Jahrhundert
5 | **Nachbau eines Renaissanceofens**
    unter Verwendung eines originalen Kachelmotivs des Zwickauer Töpfer- und Ofenbaumeisters Hans Elsesser († 1584)
6 | **Aktenschrank**
    des Zwickauer Rates Zacharias Eckhardt von 1713

Innerstädtische Museen und Galerien

Innerstädtische Museen und Galerien

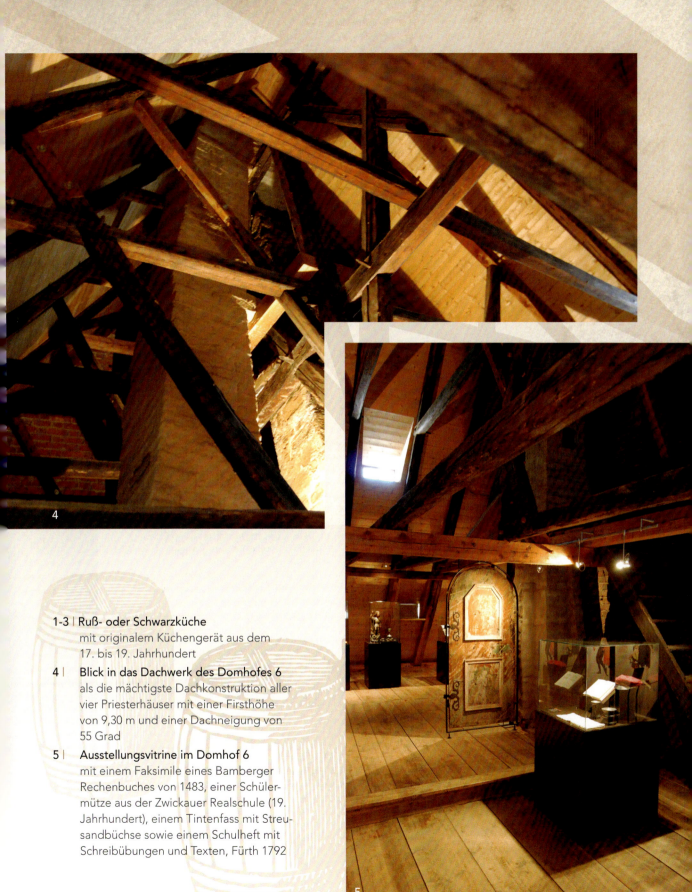

1-3 | **Ruß- oder Schwarzküche**
mit originalem Küchengerät aus dem 17. bis 19. Jahrhundert

4 | **Blick in das Dachwerk des Domhofes 6**
als die mächtigste Dachkonstruktion aller vier Priesterhäuser mit einer Firsthöhe von 9,30 m und einer Dachneigung von 55 Grad

5 | **Ausstellungsvitrine im Domhof 6**
mit einem Faksimile eines Bamberger Rechenbuches von 1483, einer Schülermütze aus der Zwickauer Realschule (19. Jahrhundert), einem Tintenfass mit Streusandbüchse sowie einem Schulheft mit Schreibübungen und Texten, Fürth 1792

1 | **Außenansicht des Galeriegebäudes**
errichtet 1876 als klassizistischer Zweckbau auf Initiative des 1864 unter Führung des Malers Carl Gottlob Mittenzwey gegründeten Zwickauer Kunstvereins

2 | **Blick in den Treppenaufgang**
mit dem Gemälde „Kammertrio 2000", Öl auf Leinwand, von Andreas Thieme als Geschenk an die Stadt Zwickau

3 | **Skulptur „Muse der Plastik"**
über dem Eingangsbereich der Galerie

4 | **Blick in einen Zirkel- und Ausstellungsraum**
im Erdgeschoss der Galerie mit einer Büste Robert Schumanns im Focus

5-6 | **„Flächen und Objekte"**
Blick in die Ausstellung über Malerei, Grafik und Holzbildhauerei der beiden Künstler Frithjof Herrmann und Frank Michael Müller vom Frühjahr 2009

Innerstädtische Museen und Galerien

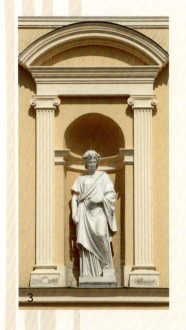

## Bürgerhäuser verschiedener Baustilepochen

Die nachfolgenden Bildbeispiele verdeutlichen auf anschauliche Weise die wertvollsten und vielleicht auch schönsten Gebäude der Stadt, beginnend in der Baustilepoche der Gotik (1235 bis 1520), fortführend über die Renaissance (1500 bis 1660) und den Klassizismus (1755 bis 1840) bzw. den Historismus (1820 bis 1870), bis hin zur Moderne.

Besonders interessant – weil sie als optischer Ausdruck der beiden Blütezeiten der Stadt angesehen werden können – sind dabei die gotischen Bürgerhäuser rund um den Haupt- und Kornmarkt bzw. Domhof sowie die kostbar sanierten Straßenzüge im Stil der Gründerzeit (1870 bis 1914) und des Jugendstils (1896 bis 1910) in der Zwickauer Nord- aber auch in der Bahnhofsvorstadt. Während die erste Blütezeit ganz den reichen Silberfunden im nahen Erzgebirge geschuldet ist, resultiert der zweite wirtschaftliche Aufschwung aus der Ausbeutung der städtischen Steinkohlevorkommen.

Aus den beiden Baustilepochen der Romanik (1020 bis 1250) und des Barocks (1660 bis 1780) sind in Zwickau – bis auf wenige Ausnahmen – kaum noch vorzeigbare Bauten darstellbar.

1 | **Häuserzeile**
in der Bahnhofsvorstadt erbaut ab 1840 im Zeitraum von 70 Jahren als komfortable drei- und viergeschossige Wohnbauten im Baustil des Historismus inklusive kostbarer Gründerzeitbauten

2 | **Wolf´sche Villa**
(Ecke Humboldt- /Georgenstr.) erbaut 1910/11 vom Zwickauer Baumeister Johann Zimmermann für den Zwickauer Unternehmer und Erfinder der Grubensicherheitslampe (1881) Carl Heinrich Wolf als neobarocke Stadtvilla mit pavillonartigen Seitenflügeln, bestückt mit Mansarddächern, und einem dazwischen eingebetteten runden Kuppelbau als repräsentativer Eingangsbereich

3 | **Wohnhaus-Ensemble**
(Clara-Zetkin-Str. 16 - 18) erbaut 1895/96 im Stil der deutschen und italienischen Renaissance vom Zwickauer Baumeister Franz Wolf als spiegelbildliches Wohnhausensemble mit repräsentativen, mit kegelförmigen Dächern bestückten Eckwendelsteinen

1 | **Dünnebierhaus**
(Neuberinplatz 1) gebaut 1480 als Wohnhaus für Niclas Römer, den Bruder von Martin Römer im spätgotischen Stil vom Baumeister Arnold von Westfalen mit markanten Vorhangbogenfenstern und einem filigranen mit Formsteinen verzierten 5-geschossigen Staffelgiebel (heute: Standesamt der Stadt)

2 | **Geschäftshaus-Ensemble**
(Hauptmarkt 14 - 16) dieses stattliche Gebäudeensemble an der Nordseite des Hauptmarktes wurde in der Baustilepoche der Gründerzeit (1870 bis 1873) mit fast identischem Fassadenschmuck erbaut

3-5 | **Wohn- und Geschäftshaus**
(Hauptmarkt 9/10) erbaut 1894/95 im Auftrag des Kaufmanns Richard Trobsch im neobarocken Baustil, bestückt mit zahlreichen Erkern und Balkons, Mansarddach, Ochsenaugen und neobarocker Kuppel

Bürgerhäuser verschiedener Baustilepochen

**1/3 | Sanierte Stadtvillen** in der Nordvorstadt an der Ecke Kolpingstr./Leipziger Straße, erbaut zwischen 1870 und 1920 im Rahmen der Baustilepoche des späten Historismus mit zahlreichen bauplastischem Schmuck

**2 | Jugendstilvilla** (Kurt-Eisner-Str. 79) dieses Kleinod der Jugendstilarchitektur wurde entworfen 1911 vom Zwickauer Architekten Gustav Hacault mit vielfältigen Floraldekoren, Vorbauten, Erkern, Geländern und im Putz eingelassenen farbigen Glaselementen einschließlich Garten mit Einfriedung

**4 | Haus der IHK Südwestsachsen** (Äußere Schneeberger Str. 34) imposantes Gebäude in der Südvorstadt, erbaut 1875 vom Zwickauer Baumeister Franz Wolf mit starkem Bezug zur italienischen Renaissance

Bürgerhäuser verschiedener Baustilepochen

5 | **Wohnhaus** (Ecke Bahnhofstr./Lutherstr.)

6 | **Wohnhaus** (Ecke Römerstraße/Bosestraße)
ein besonders eindrucksvolles Beispiel gründerzeitlicher Architektur im Rahmen der Stadterweiterung

7 | **Wohnhaus** (Ecke Friedrich-Engels-Str./Heinrich-Heine-Str. 4)
erbaut 1906 mit ausdrucksstarker Jugendstilfassade

8 | **Stadtvilla** (Kolpingstr. 24)
dieses 1880/81 im Stil der italienischen Neorenaissance errichtete Gebäude mit parkähnlicher Gartenanlage besitzt einen wohlproportionierten Baukörper mit vielen kunstvollen Details und mediterraner Farbgebung, saniert 1996/97

1 | **Kaiserliches Post- und Telegrafenamt**
erbaut 1883/84 und aufgestockt mit einem dritten Geschoss zwischen 1905 und 1907, verkörpert sowohl den Baustil der italienischen wie deutschen Neorenaissance, geschmückt mit Zwerchhaus, Zwerchgiebeln als auch einem Mittel- und zwei mächtigen Eckrisaliten
(heute: Bestandteil des Zwickauer Land- und Amtsgerichts)

2 | **Wohn- und Geschäftshäuser**
(Hauptmarkt 2 - 4) das Eckhaus mit der Nr. 2, erbaut im Übergang vom 15. zum 16. Jahrhundert und 1862 im neogotischen Stil renoviert, ist das Wohnhaus des ehemaligen Stadtschreibers, Ratsherrn und Rektors der Zwickauer Lateinschule Stefan Roth. Die beiden anderen Häuser wurden 1891 bzw.1885 als typische Vertreter der Gründerzeit gebaut, versehen mit repräsentativen Geschäftsetagen, großflächigen Schaufenstern sowie zahlreichen filigranen Fassadenverblendungen

3 | **Treppenaufgang**
im Kaiserlichen Post- und Telegrafenamt

Bürgerhäuser verschiedener Baustilepochen

1

## Das neogotische Johannisbad

In der Mitte des 19. Jahrhunderts erfolgte im Zuge des verstärkten Auf- und Ausbaus von Krankenhäusern in Zwickau auch der erste Bauabschnitt des äußerlich vorrangig im Stile des Historismus geprägten Johannisbades. Der ab 1890 begonnene und 1904 eingeweihte Erweiterungsbau, in Form einer Schwimmhalle mit einem integrierten Komplex von Sauna und Massageeinrichtungen, erstrahlt demgegenüber in seinem Inneren ganz im Glanze des Jugendstils. In dem letzten Jahrzehnt wurde das Bad umfassend saniert, um damit den heutigen Anforderungen zu entsprechen.

1 | Südwestliche Außenansicht des Johannisbades
2 | Eingangsbereich des Johannisbades
   mit aus Formsteinen verziertem Ziergiebel, Turmaufsätzen, Gesimsen, Balustraden, neogotischer Rose und einem ebenfalls aus farbigen Formsteinen gestalteten Schriftzug
3 | Denkmal für Dr. med. Samuel F. J. Schlobig

## Dr. Samuel F. J. Schlobig (1816 – 1887)

Dr. Samuel Friedrich Julius Schlobig wurde am 8. August 1816 in Dresden geboren.

Um 1845 tritt der ehemalige Dresdner Kreuzschüler und promovierte Absolvent der medizinischen Fakultät der Leipziger Universität eine Stelle als Assistenzarzt am Zwickauer Städtischen Krankenhaus an. In dieser Zeit – wo die durchschnittliche Lebenserwartung noch unter 50 Jahren lag und die durch miserable hygienische Verhältnisse und dürftige medizinische Kenntnisse geprägt war – gab es viel zu tun für den jungen Arzt. Er kümmert sich um die verbesserte Ausstattung des Krankenhauses und setzt sich für den Aufbau des Krankenkassenwesens ein. Dank seiner Initiative kommt es 1859 zu einem ersten Erweiterungsbau. Dr. Schlobig ist mit Leib und Seele Mediziner; seine Patienten gehen ihm über alles; er wird Krankenhauschef und zugleich Armen- und Polizeiarzt. Da er manchem Krüppel eine Beschäftigung in seinem Haus versorgt und auch auf manche Rechnung gegenüber Bedürftigen verzichtet, bezeichnen ihn viele Zwickauer als „ihren Dr. Schlobig". 1869 erfolgt die Fertigstellung eines weiteren Neubaus, die „Schlobigsche Heil- und Badeanstalt", konzipiert vom Zwickauer Architekten Möckel, mit vielerlei Neuerungen, wie z. B. Römische- und Russische Dampfbäder, öffentliche Dusch-, Brause- und Wannenbäder. Später um die Jahrhundertwende, also bereits nach dem Tode Schlobigs, erfolgte noch nach seinen Plänen der heutige imposante Anbau einer Schwimmhalle. Im Juni 1882 ging Dr. Schlobig in den wohlverdienten Ruhestand, war aber weiterhin in seiner privaten Badeanstalt als Arzt tätig.

Er verstarb nach einem über vierzigjährigen, ärztlichen Engagement am 15. April 1887. Die Zwickauer Bevölkerung ehrte ihren Stadtarzt durch ein kilometerlanges Spalier am Tage seiner Beisetzung.

1 | Blick in das Treppenhaus der Schwimmhalle
mit floralen, jugendstiltypischen Dekorationen im Hintergrund und einem auffälligen schmiedeeisernen ebenfalls mit floralen Motiven versehenen Treppenaufgang im Focus

2 | Blick in das Schwimmbecken
mit einer Wasserfläche von 200 Quadratmetern, mit ostseitigem Zugang durch eine achtstufige Treppe und einer Vielzahl durch Bogenreihen gebildeten und mit weiß glasierten Klinkern versehenen Wandflächen im Hintergrund sowie zahlreichen Kreuzgratgewölben im Seitenbereich

3 | Deckengewölbe mit Lichtdom im Saunabereich

4 | Innenansicht des Ruheraumes im Saunabereich
mit hochgewölbter Deckenfläche und -stützen

5 | Historischer Wasserspeier
in Form eines stilisierten Drachens als integraler Bestandteil eines dominanten mit Granitverkleidung gestalteten Balkon

## Bibliotheken und Archive der Stadt

Die Stadt Zwickau besitzt neben der Stadtbibliothek zwei weitere große Bibliotheken, die beide einen weit über die Territorialgrenzen hinaus bekannten Ruf besitzen. Das ist zum einen die 1498 gegründete Ratsschulbibliothek. Diese zählt mit ihren über 2000 Nutzern aus der ganzen Welt und über 3000 Entleihungen pro Jahr zu den ältesten öffentlichen Einrichtungen ihrer Art in Sachsen und vielleicht auch ganz Deutschlands. Die zweite Bibliothek ist die erst 1998 eröffnete Bibliothek der Westsächsischen Hochschule Zwickau. Diese Institution verfügt über eine Hauptnutzungsfläche von über 2000 m², 126 Lese- und 44 Computernutzerplätze bei einer Kapazität von 300.000 Bestandseinheiten und zirka 210.000 Entleihungen pro Jahr. Das als Atrium gestaltete gläserne Gebäude besitzt eine Reihe von skulpturalen Kunstobjekten und entwickelt sich immer mehr auch zu einem Treffpunkt der kulturell-wissenschaftlichen Szene der Stadt. Was die Archive der Stadt betrifft, da wäre besonders das Stadtarchiv mit seiner über 500-jährigen Geschichte und seinen 2600 laufenden Metern Archivgut, bestehend aus 2150 Urkunden, 30.000 Fotos, 2600 historischen Ansichtskarten und zirka 6000 Plakaten und 115 laufenden Metern Zeitungen zu nennen. Besondere Schätze birgt die Einrichtung in Form von vielfältigen Quellen zur mittelalterlichen Stadt- und Reformationshistorie, so u. a. das Zwickauer Stadtrechtsbuch von 1348 und den „Sachsenspiegel" von 1472.

1 | **Hauptbibliothek**
der Westsächsischen Hochschule erbaut als Atrium in den Jahren 1995 bis 1998 nach den Plänen des Kölner Architekturbüros Scheuring & Partner mit einem markant, weit ausragenden Dach

2 | **Modepräsentation von Studenten**
des zweiten Semesters Modedesign der WHZ in der Lobby der Bibliothek mit dem Titel „Nahtbilder"

3 | **Übergabe einer Urkunde**
im Februar 2009 an die einmillionste Benutzerin der Hauptbibliothek der WHZ durch den Rektor der Hochschule und die Direktorin der Hochschulbibliothek

4 | **Blick in den Freihandfundus**
der Bibliothek mit seinen über 300000 umfassenden Bestandseinheiten an Büchern, AV-Medien, Zeitschriften, Zeitungen, Normen, Patenten, eBooks und Datenbanken

5 | **Bildausschnitt der 126 Leseplätze**
der Bibliothek als integrierter Bestandteil der 2000 Quadratmeter umfassenden Gesamtnutzfläche

1 | Lesesaal der Zwickauer Ratsschulbibliothek
2 | Spätgotischer Ledereinband
   wahrscheinlich aus dem Besitz der Zwickauer Familie Römer
3 | Pergamenthandschrift
   mit mehrfarbiger Zierinitiale aus dem 14. Jahrhundert

Bibliotheken und Archive der Stadt

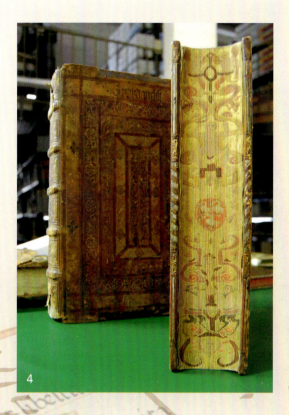

4 | **Reich verzierter Ledereinband**
des Zwickauer Buchbinders Gregor Schenk aus dem Jahr 1574 mit der Darstellung der drei Schwäne des Zwickauer Stadtwappens

5 | **Prächtig illuminiertes Blatt**
aus einer Inkunabel, gedruckt um 1472

6 | **Teil des Lesesaales**
links das Bildnis des Zwickauer Polyhistors und Rektors Christian Daum (1612 – 1687)

1 | **Lehnbuch III von 1631**
als Übersichtsdarstellung über die Immobilienverhältnisse in der Stadt (StadtA Zwickau, III x 1, Nr. 132)

2 | **Zentraler Magazinraum**
des Zwickauer Stadtarchivs mit 2500 lfd. Metern Archivgut zur mittelalterlichen Stadt- und Reformationsgeschichte und wertvollen Autographen von Hans Sachs, Georgius Agricola, Martin Luther und Philipp Melanchthon

3 | **Meistersingerlieder**
als Großteil des Gesamtwerkes von Hans Sachs (StadtA Zwickau, MG 2, Bl. 269 v – Bl. 270 r)

4 | **Einband des Codex Statutorum Zviccaviensium**
Stadtrechtsbuch von 1348 (StadtA Zwickau, IIIx 1, Nr. 141 b)

5 | **Brief Martin Luthers**
an den Rat zu Zwickau vom 4. März 1531 (StadtA Zwickau, A*A III 1, Nr. 17)

Bibliotheken und Archive der Stadt

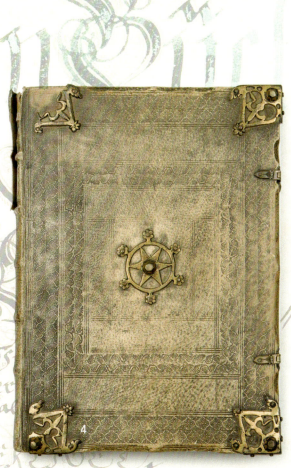

# Der Dom und andere sehenswerte Sakralbauten

Die Stadt Zwickau ist reich an vielfältigen Sakralbauten in allen Stadtteilen, mit dem Dom „Sankt Marien" als Flaggschiff an der Spitze. Während dem der Dom und die Katharinenkirche im unmittelbaren Zentrumsbereich sowie die Crossener Stadtteilkirche „Maria zur Weiden" und die Weißenborner „St. Johanniskirche" aus der Zeit der Gotik stammen, sind die meisten anderen Sakralbauten jüngeren Datums. So stammen die im Stadtteil Planitz gelegene Schlosskirche aus der Baustilepoche der Renaissance, die „Sankt Nepomuk Kirche" am Katharinenkirchhof aus dem Klassizismus, die in der Nordvorstadt gelegene Moritzkirche, Lukaskirche in Planitz, Matthäus- und Markuskirche in Bockwa bzw. Schedewitz sowie die Pauluskirche in Marienthal aus dem Historismus und der Gründerzeit, die in der Bahnhofsvorstadt errichtete Lutherkirche wurde dagegen erst in der Epoche des Jugendstils erbaut. Aus jüngster Zeit sind dagegen die Versöhnungskirche in Neuplanitz, die Kirche „St. Franziskus" in Oberplanitz sowie die „Christophoruskirche" im Stadtteil Eckersbach. Die älteste noch im romanischen Baustil errichtete Kirche der Stadt ist jedoch die im Stadtteil Auerbach gelegene Kirche.

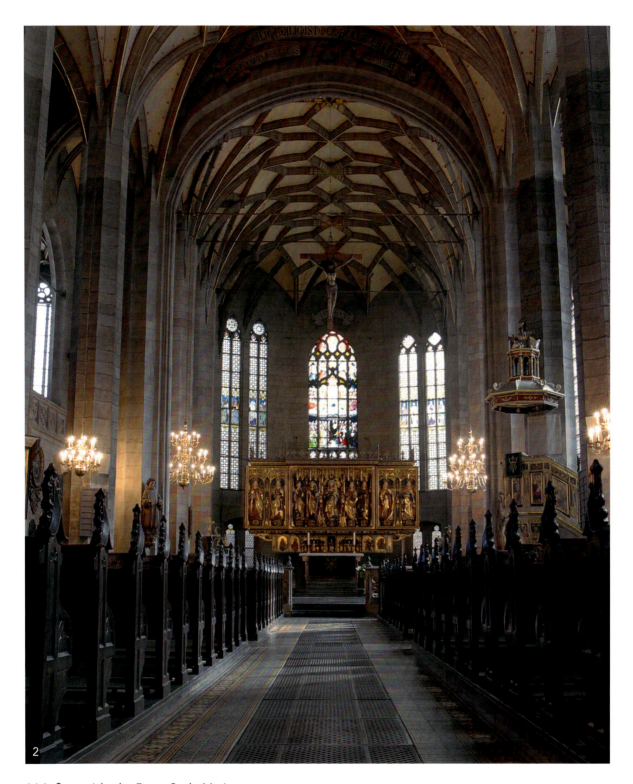

1 | Außenansicht des Doms Sankt Marien
 mit Blick auf die ab 1671 bis 1677 durch den Plauener Zimmermeister Joachim Marquardt neu errichtete barocke kupfergedeckte Turmhaube mit zwei übereinanderliegenden offenen Laternen und spitzem Abschluss

2 | Chorraum des Mariendoms
 mit dem in der Nürnberger Werkstatt des Malers und Holzschneiders Michael Wohlgemut im Jahre 1479 entstandenen Wandel-altar sowie der Kanzel zentralem Blickfang

Der Dom und andere sehenswerte Sakralbauten

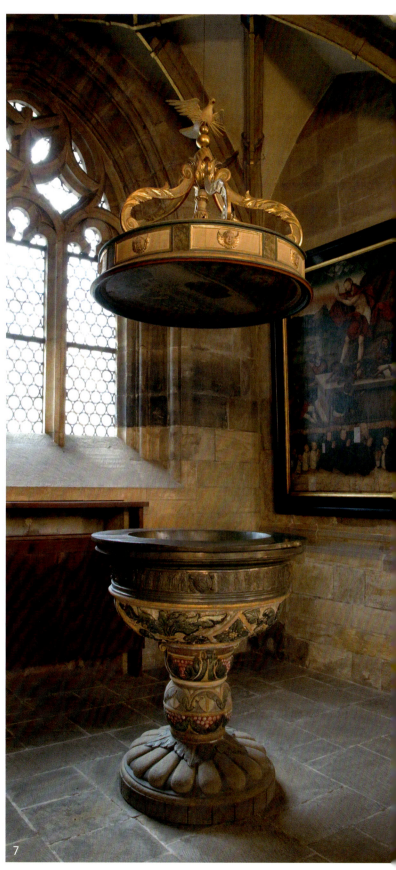

1 | **Kanzel im Stil der Renaissance**
geschaffen 1538 von Paul Speck
2 | **Ungarischer Kelch von 1480**
(Bestandteil des Kirchenschatzes)
3 | **Bergkristallkruzifix**
(Bestandteil des Kirchenschatzes) unbekannter Meister um 1480/1500
4 | **Kelch von 1480**
(Bestandteil des Kirchenschatzes)
5 | **Bornkinnl, unbekannter Meister 1520**
6 | **Pietà (Beweinung Christi)**
geschaffen von Peter Breuer 1502
7 | **Taufstein**
gestaltet 1538 von Paul Speck mit einem 1578 hinzugefügten ausdrucksstarken Relieffries aus Zinn von Dionysius Böttcher, im Hintergrund sieht man das Bildepitaph „Christus triumphiert über Sünde, Tod und Teufel", geschaffen von Wolfgang Krodel, 1559

### Carol von Bose (1596 – 1657)

Carol von Bose wurde 1596 auf dem Bosehof zu Langenhessen geboren.

Mit 18 Jahren entschied er sich für die militärische Laufbahn und erhielt seinen ersten Drill im Leibregiment des französischen Königs. Am Dreißigjährigen Krieg nahm er von Beginn an an vielen Schlachten teil, nun aber auf der Seite der kaiserlichen Truppen. Als sich 1631 Sachsen gegen den Kaiser stellte, wechselte er die Seiten und trat in die Sächsische Armee ein. Zwei Jahre später kam er – inzwischen zum Obristen befördert – mit einem Regiment der sächsischen Infanterie als Garnison in das durch Krieg und Pest stark zerrüttete Zwickau. Als die Schweden 1636 in das Kurfürstentum Sachsen einfielen und auch in Richtung Zwickau marschierten, ließ Bose die Stadt verbarrikadieren, so dass die schwedischen Angreifer die Stadt nicht einnehmen und plündern konnten. Bis Ende Mai 1637 blieb die Zwickauer Garnison zum Schutze der Stadt unter seinem Kommando. Am 8. Juni 1649 wurde der Offizier vermutlich für seine großen Verdienste zur Stärkung der Macht Sachsens als kurfürstlicher Amtshauptmann für die Städte Zwickau, Werdau und Stollberg eingesetzt mit Amtssitz am alten Amtshaus am Frauentor und später im Schloss Osterstein.

Am 12. Januar 1657 verstarb Oberst Carol von Bose an einem Schlaganfall als einer der reichsten Edelmänner seiner Zeit in Sachsen. Sein Leichnam wurde am 5. Mai des gleichen Jahres als Erbbegräbnis im Zwickauer Dom „St. Marien" beigesetzt. Der vermutlich von Kaiser Ferdinand in den Reichsgrafenstand erhobene Adelige war viermal verheiratet (Maria Magdalena, Marie Sophie, Marie Magdalene und Sophie). Aus den Ehen gingen 15 Kinder hervor. Er besaß 28 Rittergüter und viele Städte, besonders im Vogtland.

Grabkapelle des Carol von Bose
gelegen im südlichen Seitenschiff mit einem sehenswerten Schmuckgitter, geschaffen 1678 vom Zwickauer Goldschmied, Daniel Friedrich Vogel

Der Dom und andere sehenswerte Sakralbauten

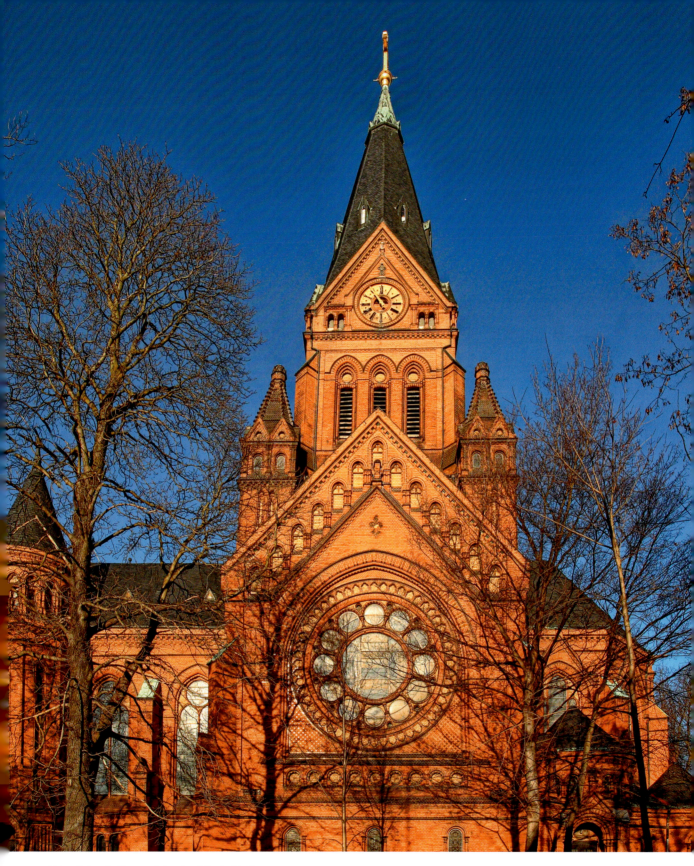

Westliche Außenansicht der Moritzkirche
erbaut 1892/93 als neogotischer dreischiffiger Zentralbau vom Zwickauer Baumeister Wilhelm Junghans nach dem Entwurf des Berliner Architekten Jürgen Kröber

1

2

1 | **Figur des Heiligen Mauritius** im Fenster über dem Hauptportal als dem Namensgeber der Kirche und späteren Schutzpatron der Stadt Zwickau

2 | **Rosettenfenster** im nördlichen Seitenschiff, geschaffen, wie alle anderen Kirchenfenster, vom Dresdner Glaskunstmaler Bruno Urban mit dem Bild-Motiv „Das Abendmahl Christi mit den Emmausjüngern"

3 | **Blick in den Innenraum** der Moritzkirche, geschaffen als lichter Zentralraum im neogotischen Stil ohne tragende Säulen mit 1100 Plätzen, basierend auf dem Grundriss des griechischen Kreuzes

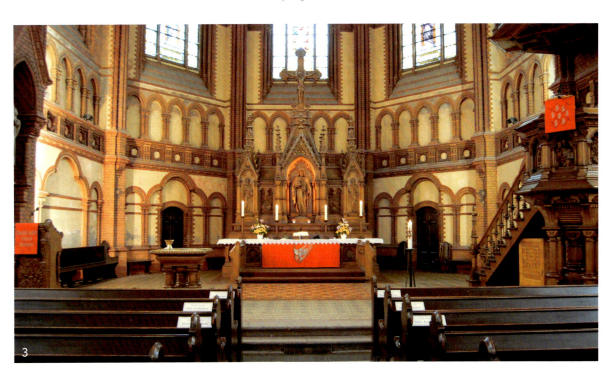

3

Der Dom und andere sehenswerte Sakralbauten

4

**4 | Chorraumfenster**
der Moritzkirche mit dem Bild „Christus der Auferstandene" in der Mitte, umgeben von zwei Bildern von den ihn verkündigenden Evangelisten (links Lukas und rechts Johannes)

**5-7 | Lebensgroße Statuen**
im Langhaus mit dem Reformator Martin Luther (Bildmitte) mit der Bibel in der Hand als Zentralfigur sowie weiteren sechs Aposteln mit ihren jeweiligen ikonographischen Attributen (links Petrus und rechts Paulus)

Der Dom und andere sehenswerte Sakralbauten

1 | Figur „Auferstandener Christus"
geschaffen 1497/98 als ältestes Werk des Zwickauer Bildschnitzers Peter Breuer

2 | Außenansicht der Katharinenkirche
erbaut 1219 als romanischer Saalbau, 1404 nach dem großen Stadtbrand umgebaut zu einer dreischiffigen gotischen Hallenkirche mit einem kunstvoll gestalteten Sternrippengewölbe, riesigen Dachflächen, einem spitzen Turm mit „Tuchmacherglöckchen" sowie einem auffallend schlanken Dachreiter auf der Ostseite des Daches

3 | Gesamtansicht des Flügelaltars
geschaffen 1514 in der Werkstatt von Lukas Cranach dem Älteren im Auftrag des Sächsischen Kurfürsten, Friedrich der Weise und seines Bruders, Herzog Johann der Beständige als Geschenk an die Zwickauer Kalandbruderschaft mit dem Hauptbild der „Fußwaschung Christi"

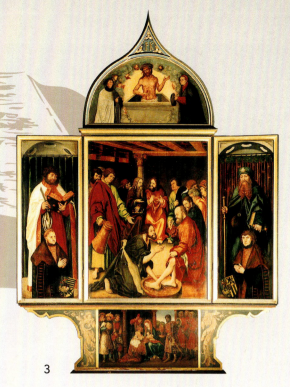

### Thomas Müntzer (1486 – 1525)

*Thomas Müntzer wurde 1486 oder 1489 in Stolberg im Harz geboren.*

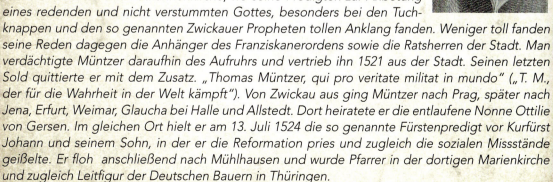

*Seine Kindheit und Jugend verbrachte er seit 1501 in Quedlinburg. Im Jahre 1506 immatrikulierte er sich für ein Theologiestudium an der Leipziger Universität; sechs Jahre später wechselte er an die Viadrina Universität nach Frankfurt (Oder). 1513 wurde Müntzer in der Diözese Halberstadt zum Priester geweiht. Über die Braunschweiger Michaeliskirche, dem Amt eines Präfekten im Kanonstift Frose bei Aschersleben predigte er zwischen 1517 und 1519 öfters in Wittenberg und Jüterbog und kam 1520 zur Vertretung des Pfarrers Johannes Sylvius Egranus in die Marienkirche nach Zwickau. In diesem Gotteshaus hatte er erstmalig ein großes Forum zur Bekanntmachung der Reformation, allerdings in kritischer Distanz zu Martin Luther. Als Egranus überraschend zurückkehrte, wechselte er in die benachbarte Katharinenkirche, wo seine Predigten zur Anbetung eines redenden und nicht verstummten Gottes, besonders bei den Tuchknappen und den so genannten Zwickauer Propheten tollen Anklang fanden. Weniger toll fanden seine Reden dagegen die Anhänger des Franziskanerordens sowie die Ratsherren der Stadt. Man verdächtigte Müntzer daraufhin des Aufruhrs und vertrieb ihn 1521 aus der Stadt. Seinen letzten Sold quittierte er mit dem Zusatz. „Thomas Müntzer, qui pro veritate militat in mundo" („T. M., der für die Wahrheit in der Welt kämpft"). Von Zwickau aus ging Müntzer nach Prag, später nach Jena, Erfurt, Weimar, Glaucha bei Halle und Allstedt. Dort heiratete er die entlaufene Nonne Ottilie von Gersen. Im gleichen Ort hielt er am 13. Juli 1524 die so genannte Fürstenpredigt vor Kurfürst Johann und seinem Sohn, in der er die Reformation pries und zugleich die sozialen Missstände geißelte. Er floh anschließend nach Mühlhausen und wurde Pfarrer in der dortigen Marienkirche und zugleich Leitfigur der Deutschen Bauern in Thüringen.*

*Nach seiner Gefangennahme in der Schlacht bei Frankenhausen kam er auf die Festung Heldrungen und wurde dort auf Befehl Graf Ernst II. von Mansfeld gefoltert und am 27. Mai 1525 hingerichtet.*

**1 | Außenansicht Lukaskirche**

errichtet zwischen 1872 und 1876 vom Zwickauer Architekten Möckel auf dem Planitzer Schlossberg als neogotische dreischiffige kreuzförmige Säulenbasilika mit westseitig angeordnetem 60 Meter hohem Turm und zahlreichen glatten, mit Nischen, Fenstern und Figuren bestückten Schmuckelementen (bis 1968 als Gotteshaus, später für verschiedene andere kulturelle Veranstaltungen genutzt)

Der Dom und andere sehenswerte Sakralbauten

2 | **Wandrelief**
„Heilige Familie - Christi Geburt"
über dem Eingangsbereich der Lukaskirche, geschaffen 1876 vom Bildhauer Josef Friemel

3 | **Akrobatikshow der „Fliegenden Sachsen"**
während der „Osternacht 2009" in der Lukaskirche

## Gotthilf Ludwig Möckel (1838 – 1915)

Viele Familien Möckel lassen sich schon sehr lange in der Muldestadt nachweisen. Aber erst der 1838 in der Schneeberger Straße geborene Sohn des Kupferschmiedemeisters Johann Gotthilf Möckel sollte den Familiennamen bis in die heutige Zeit bekannt machen.

Nach den Schuljahren in der Bürgerschule Zwickaus und einem Jahr Gewerbeschule in Chemnitz absolvierte er von 1853 bis 1856 eine Maurerlehre bei dem Zwickauer Maurermeister Becker, verbunden mit einer parallelen Schulbildung an der Königlichen Baugewerkenschule Chemnitz. Nach bestandener, hervorragender Gesellenprüfung arbeitete er noch zwei weitere Jahre in seinem Lehrbetrieb. Seine besonderen Fähigkeiten in der Geometrie, dem Freihandzeichnen, dem Entwerfen von Bauplänen sowie der operativen Bauleitung kamen ihm 1858/59 bei seinen neuen Tätigkeiten im Oberingenieurbüro der Osterzgebirgischen Staatsbahn und als Konstrukteur im Betriebsbüro der Königlich-Sächsischen Staatseisenbahn zu gute.

Wenig später absolvierte er am „Polytechnikum Hannover" ein Studium. Beeinflusst vor allem durch Conrad Wilhelm Hase und der damit verbundenen Hinwendung zur Gotik und zum Ziegelrohbau, kehrte er als freier Architekt in seine Vaterstadt zurück, wo er kurz darauf die Senatorentochter Amalie Christine Schlegel in der Kirche „St. Marien" heiratete. Ab 1867 erhielt er die Erlaubnis, Bauten selbstständig zu planen und auszuführen. Sein erster großer vollendete Auftrag war das nach dreijähriger Bauzeit 1869 im Baustil der Neogotik errichtete Schlobig´sche „Bade-Etablissiment". Aber auch viele Wohnhäuser, wie die am ehemaligen Schlossgraben (1867/68) und in der Römerstraße (1868/69) und Villen wie die der Familien Ebert (1868), List 1869), Dautzenberg (1871) und Bilz (1873/75) sowie der Bau der Zwickauer Lukaskirche (1868/76) begründeten seinen späteren in Dresden (1875) als einer der populärsten Kirchen- und Schlossarchitekten erworbenen deutschlandweit bekannten Ruf. Insgesamt entwarf er 18 Kirchen, vier Schlösser und 131 andere Bauten, wovon übrigens 123 tatsächlich verwirklicht wurden.

Er starb 1915 als Geheimer Hofrat in den Diensten des Großherzogs Friedrich Franz III. von Mecklenburg-Schwerin in Bad Doberan.

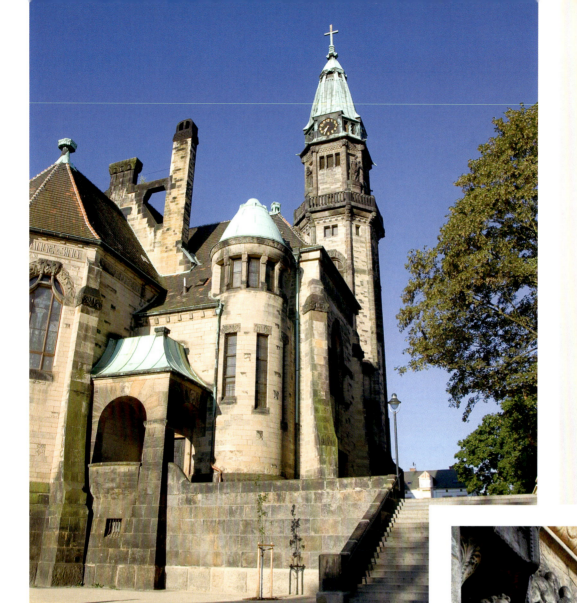

Der Dom und andere sehenswerte Sakralbauten

1 | **Außenansicht der Lutherkirche**
errichtet 1906 nach Plänen der Dresdner Ingenieure Schilling und Gräbner im Jugendstil mit einem asymmetrischen Baukörper, zahlreichen biblischen Tier- und südländischen Pflanzengestalten sowie Spruchbändern in der Fassade und einem schlichten Innenraum mit tonnenförmiger Decke und Jehmlichorgel

2/3 | **Hauptportal der Lutherkirche**
mit dem Apostel Paulus und dem Reformator Martin Luther in Form von zwei überlebensgroßen Sandsteinfiguren mit einem Ausspruch Luthers als Spruchband über dem Zugang

4 | **Jugendstilaltar der Lutherkirche**
mit einem Altarbild von Fritz von Uhde und beidseitigen, die Aussage des Bildes erläuternden Spruchbändern

## Fritz von Uhde (1848 – 1911)

Fritz von Uhde wurde am 22. Mai im Revolutionsjahr 1848 im sächsischen Wolkenburg geboren.

Sein Vater, Bernhard von Uhde, war zunächst einsiedelscher Gerichtsdirektor in Wolkenstein. Kurz nach der Geburt seines Sohnes übersiedelte die Familie nach Zwickau, denn sein Vater wurde zum Kreisdirektor an das dortige Gericht berufen. Die künstlerische Veranlagung zum Malen kam wahrscheinlich aus seinem Elternhaus, in dem sowohl seine Mutter und seine beiden Schwestern, als auch sein Vater, diesem Hobby frönten. In seiner Gymnasialzeit in Dresden und Zwickau verschrieb sich Fritz zunächst mit wachsendem Interesse der Maltechnik des damals bekannten Künstlers Mentzel. Im Jahre 1864 fuhr Uhde, begleitet von seinem Vater, mit einigen Zeichnungsproben nach München zu Wilhelm von Kaulbach, der das Talent des Jungen bestätigte. Uhde schrieb sich 1866, direkt nach seinem erfolgreichen Abitur, zunächst als Student an der Kunstakademie in Dresden ein, brach das Studium aber schon nach drei Monaten ab und begann 1867 eine Offizierslaufbahn im sächsischen Gardereiterregiment 1. Ulanenregiment Nr. 17 in Oschatz als Portepéefähnrich bzw. als Avantageur. Ab Juli 1870 marschierte er mit seinem Regiment in den Krieg gegen Frankreich, aus dem er ein Jahr später gesund zurückkehrte. In dieser Zeit wurde er vom Schlachtenmaler, Ludwig Albrecht Schuster, in die Besonderheiten der Ölmalerei eingewiesen. 1878 beendete Uhde seine militärische Karriere und begann seine künstlerische Laufbahn auf Anraten Franz von Lenbachs mit dem Studium der alten Meister in der Pinakothek. 1879 besuchte er nach Einladung den ungarischen Maler Michael Munkacsky in Paris. Hier entstanden seine ersten nennenswerten Bilder, nämlich: „Die Sängerin und die gelehrten Hunde", „Das Familienkonzert" und „Die holländische Gaststube". 1884 schuf er mit dem Bild „Lasset die Kindlein zu mir kommen" sein erstes religiöses Gemälde.

1896 erwarb Uhde ein Haus am Starnberger See. Dort malte er seine drei Töchter „In der Gartenlaube" mit bereits impressionistischen Stilelementen. Fritz von Uhde werden insgesamt 285 Werke zugerechnet, davon hatten 78 religiösen Bezug. Uhde erhielt in München den Titel eines „Königlichen Professors", gleichzeitig erhielt er einen Lehrauftrag an der dortigen Kunstakademie. Seine vielfältigen Ehrungen reichen vom „Eisernen Kreuz II. Klasse" bis hin zur Verleihung des Ehrendoktortitels der Theologie 1909 in Leipzig.

Prof. Fritz von Uhde verstarb am 25. Februar 1911 in München.

# Friedhöfe

Die 14 Friedhöfe Zwickaus sind schlechthin nicht nur die Ruhestätten für die Toten, sondern auch Begegnungsstätten von uns Lebenden mit der durchlebten Vergangenheit unserer Vorfahren. Bei einem Besuch des Hauptfriedhofs z. B. begegnen uns viele Gräber mit geschichtsträchtiger Aussage über das ehemalige Wirken der dort bestatteten Persönlichkeiten. Besonders beeindruckend und gleichzeitig mahnend sind die Grabsektoren, die den Toten beider Weltkriege gewidmet sind. Emotionale Betroffenheit löst auch die Betrachtung des Gedenksteins für die 123 Toten aus, die im Februar 1960 bei einem der schwersten deutschen Bergwerksunglücke ums Leben kamen.

1 | Skulptur „Der müde Wanderer"
   am südlichen Eingangsbereich des Hauptfriedhofes, Crimmitschauer Straße 45
2 | Neuzeitliches Gemeinschaftsgrab
   auf dem Hauptfriedhof mit Namensstelen
3 | Grabstele für Dr. Samuel Schlobig
4 | Gedenkstein auf dem Hauptfriedhof
   für die 123 Toten des größten Zwickauer Grubenunglücks vom 22. Februar 1960, errichtet von der Stadt Zwickau und dem Steinkohlenbergbauverein Zwickau e. V.

1 | Kriegsgräberstätte
aus beiden Weltkriegen auf dem Planitzer Friedhof

2 | Grabskulptur
auf einem Familiengrab des Zwickauer Hauptfriedhofes, Crimmitschauer Straße

3 | Familiengrabstätten
entlang einer Friedhofsmauer auf dem Hauptfriedhof

Friedhöfe

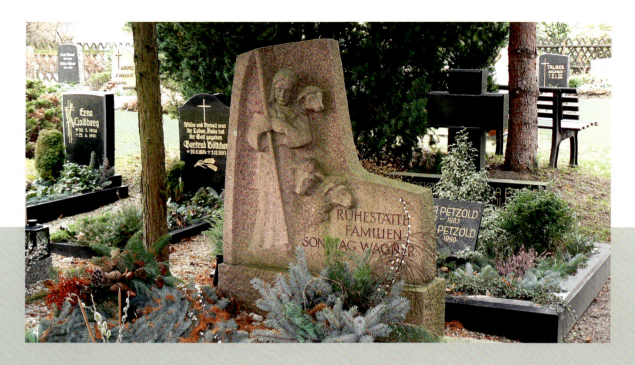

4 | Blick auf eine Familiengrabstätte
auf dem Weißenborner Friedhof, Crimmitschauer Straße

5 | Grabskulptur
auf einem Familiengrab des Zwickauer Hauptfriedhofes, Crimmitschauer Straße

1

## Moderne Architektur

Die ab 1910 beginnende und bis heute reichende Baustilepoche der „Moderne" lässt sich im Gegensatz zu den vorangegangenen Epochen kaum mit wenigen markanten Stilmerkmalen charakterisieren. Zur Moderne zählen in Zwickau sowohl die bauhausorientierten Siedlungsprojekte und ausdrucksstarken expressionistischen Wohn- und Industriebauten der Zwanziger und frühen Dreißiger Jahre, als auch die oft mit heroischen Merkmalen geschmückten Bauten des Nationalsozialismus sowie die meist zweckbestimmten Nachkriegsbauten und die nach der Wende aus Beton, Stahl und Glas errichteten Wohn- und Gesellschaftsbauten, letztere besonders in Form von Banken, Einkaufszentren, Parkhäusern, Tiefgaragen und Schulbauten. Der zuletzt genannte Zeitabschnitt steht dabei besonders im Focus der bildlichen Darstellung.

1 | **Shop-Conzept „Quartier 26"**
geschaffen 2005 als Neubau einer modularen Anlage aus Containern
Architektur: Kurt Fliegerbauer/Silke Kunstmann

2 | **Außenansicht Stadthalle Zwickau**
eingeweiht am 6. August 2000 mit einem Tag der offenen Tür als multifunktionsfähiges Veranstaltungszentrum, gestaltet als Stahl-Beton-Glas-Rundbau mit einem Platzangebot von 3800 Sitz- und 4000 Stehplätzen

3 | **Blick in die Stadthalle**
während eines internationalen Hallenfußballturniers

Moderne Architektur

1 | Hauptgeschäftsstelle der Commerzbank
(Ecke Dr.-Friedrichs-Ring/Äußere Schneeberger Str.) erbaut 1996 im Auftrag der SchmidtBank als transparenter Stahl-Beton-Glas-Rundbau mit zahlreichen technisch-architektonischen Details sowie einer interessanten Freifläche

2 | Gebäudeensemble „Haus der Sparkasse Zwickau"
(Ecke Crimmitschauer Str./Moritzstr.) bestehend aus einem im Jahre 1999 grundlegend sanierten Altbau von 1912 (ehemalige Orthopädische Klinik von Dr. Gaugele) und einem im Jahr 2000 vom Architekturbüro „Heinz" errichteten Stahl-Beton-Glas-Neubau mit Rotunde und zusätzlichem Laternengeschoss

3 | Blick in die Rotunde der Sparkassenfiliale Zwickau
in der Dompassage am Zwickauer Hauptmarkt

4 | Rundbau des „Hauses der Sparkasse Zwickau"
mit einer vor dem Eingangsbereich platzierten Skulptur mit dem Titel „Sparsymbolik", gestaltet vom Zwickauer Künstler Jo Harbort

Moderne Architektur

# FORUM

1 | **Nordansicht „FORUM MOBILE"**
gebaut 2008 auf dem Campus Scheffelberg von den Architekten „schulz & schulz" als Lehrsammlung für historische Fahrzeuge der Westsächsischen Hochschule Zwickau

2 | **Außenansichten des Berufsschulzentrums für Technik „August Horch"**
entworfen vom Zwickauer „ARC ARCHITEKTUR CONCEPT", eingeweiht im Mai 2000

3 | **Ansicht der Kfz-Laborhalle" August Horch"**
am Standort Scheffelberg der Westsächsischen Hochschule Zwickau, erbaut 2004 von den „Architekten . 3P" Schäfer Rüdenauer Feuerstein, Stuttgart – München

4 | **Ansicht des VW Bildungsinstituts Zwickau**
(Reichenbacher Str. 76) gebaut im Zeitraum 2002 bis 2003 als moderne Glas- Aluminium-Konstruktion nach den Plänen der ARGE Best – Glatz Architekten – Ingenieure mit zahlreichen technischen Kabinetten, Seminar-, Arbeits- bzw. Technikräumen und Werkstätten mit einer Gesamtfläche von 13.500 Quadratmetern

# MODE

**1/2 | Pestalozzischule** (Seminarstraße 3) erbaut im Zeitraum zwischen 1924 und 1929 von den Architekten Bock und von Tillingen im Bauhausstil als horizontal klar gegliedertes Backsteingebäude, unterstützt von ebenfalls aus Backstein gefertigten Fensterbänken sowie mit einigen zur damaligen Zeit fast sensationell anmutenden Neuheiten, wie z. B. einer Schulschwimmhalle mehreren Sport- und Gymnastikräumen sowie einem Lehrerkindergarten

**3 | Förderturm „Martin-Hoop-Schacht IV"** am 30. November 1977 beendeten die „Martin-Hoop-Schächte" als letzte des Zwickauer Kohlenreviers ihre offizielle Förderung koksfähiger Steinkohle. Im „Schacht IV" wurde am 29. September 1978 der letzte Hunt Kohle für den Eigenbedarf des Kraftwerkes gefördert. Am 19. April 1952 forderte ein schweres Grubenunglück auf diesem Schacht 47 Tote und 27 Verletzte.

Moderne Architektur

### Prof. Rolf Fränkel (1908 – 2001)

Rolf Fränkel wurde im Jahre 1908 in Leipzig geboren.

Im Jahre 1927 beendete er seine Schulzeit mit einem erfolgreichen Abitur am damaligen Human-Gymnasium in Zwickau. Es folgte ein mehrjähriges Studium der Zahnmedizin an den Universitäten in Leipzig und Marburg. Prof. Dr. med. dent. habil. Dr. h. c. Fränkel wirkte von 1961 bis zu seiner Pensionierung als Chefarzt des Kieferorthopädischen Instituts des Zwickauer „Heinrich-Braun-Krankenhauses". Im Rahmen dieser Funktion entwickelte er eine funktionelle Behandlungsmethode zur Korrektur der Disproportionen des Gesichtsskeletts bzw. von abwegigen Haltemustern der Gesichtsmuskulatur in Deutschland.

Neben seiner Tätigkeit als Chefarzt verfasste er, besonders zwischen 1967 und 2001, zahlreiche Fachbücher und Publikationen, die insgesamt in mehr als fünf Sprachen übersetzt wurden. Darüber hinaus hielt er mehrfach Fachvorträge in den USA, Südamerika, Japan, Dänemark, Schweden, Frankreich, England, Norwegen, der Sowjetunion und den Balkanstaaten. Aufgrund seiner vielfältigen wissenschaftlichen Verdienste erhielt Prof. Fränkel mehrfach hohe internationale Auszeichnungen, so u. a. anlässlich des Kieferorthopädischen Weltkongresses 1995 in San Francisco den „Ketcham Award", die höchste wissenschaftliche Auszeichnung auf diesem Wissensgebiet. Prof. Fränkel war sowohl gewähltes Mitglied des „Royal College of Surgery of England" als auch Ehrenmitglied der kieferorthopädischen Gesellschaften von Chile, Argentinien, Brasilien, Jugoslawien, Österreich und Italien.

Prof. Rolf Fränkel verstarb nach einem persönlich wie wissenschaftlich erfüllten Leben im Herbst 2001 in Zwickau. Seine Tochter, Frau Dr. Christine Fränkel führt das Werk ihres Vaters in Form einer kieferorthopädischen Praxis im Zwickauer Stadtteil Eckersbach erfolgreich weiter.

Moderne Architektur

### Prof. Heinrich Braun (1862 – 1934)

Heinrich Braun wurde am 1. Januar 1862 in Rawitsch bei Posen geboren.

Nach dem Studium wird er zunächst Assistenzarzt an der Volkmann´schen Klinik in Halle. Danach betreibt er eine kleine Privatklinik, später wird er Oberarzt am Leipziger Diakonissen-Krankenhaus und Dozent an der Leipziger Universität. 44-jährig übersiedelt er, mit einigen akademischen Titeln versehen, als Prof. Dr. med. habil. mit seiner Familie nach Zwickau. Er übernimmt die Leitung des Zwickauer Krankenstifts. Prof. Braun sah sofort, dass der Aufbau und die Ausstattung der Einrichtung zwar dem Niveau jener Zeit um die Jahrhundertwende entsprach, die räumliche Lage inmitten einer damals lärmenden und schmutzigen Stadt war jedoch katastrophal. Eine Vision plagt ihn: Ein medizinisches Kulturzentrum müsste geschaffen werden, welches die genannten Nachteile überwindet. Außerdem sollten in diesem Zentrum, in engem Zusammenspiel mit den Patienten, wissenschaftliche Arbeit, Ausbildung des Pflegepersonals, Erziehung der Assistenz- bzw. Volontärärzte und Medizinalpraktikanten sowie die Ärztefortbildung eng verzahnt und koordiniert werden. Etwas Derartiges gab es bis dahin in ganz Deutschland nicht! Trotz mancher bürokratischer Hürden gelingt es ihm, seinen Traum zu verwirklichen. Am westlichen Stadtrand, in Marienthal, wird auf einem zirka 300.000 m² großen Areal das neue Krankenhaus 1921 eingeweiht. Damit verfügt Zwickau über einen der größten chirurgischen Betriebe in Deutschland. Heinrich Braun hat gemeinsam mit den Chirurgen Bier und Kümmel die „Chirurgische Operationslehre" herausgegeben, das Standardwerk für Studenten und Praktiker der damaligen Zeit. Die örtliche Betäubung nach Braun, der Narkoseapparat und die Braun´sche Beinschiene sind die Hauptergebnisse seiner Forschungsarbeit. 1926 wurde Prof. Braun Ehrenbürger der Stadt Zwickau. Seit 1934 trägt das heutige Klinikum seinen Namen.

Prof. Heinrich Braun verstarb am 27. April 1934 in Überlingen am Bodensee.

1 | Hauptgebäude (Haus 60) des Heinrich-Braun-Klinikums Zwickau (der erste Spatenstich für das Krankenhaus erfolgte 1914, die feierliche Einweihung 1921)

2 | Neubau „Zentrum für operative Medizin" mit verschiedenen Kliniken und Instituten sowie einem vorgelagerten Kunstgarten, erbaut 2002. Seine feierliche Übergabe als Haus 4 des Klinikums erfolgte 2003

## Das Konzert- und Ballhaus „Neue Welt"

Max Greger, Heinz Erhardt, Glenn Miller Orchestra, Max Rabe, Kurt Henkels mit Starschlagzeuger Fips Fleischer bzw. -trompeter Walter Eichenberg, Rex Gildo, Dieter Hallervorden, Captain Cook oder zahlreiche Volksmusik- und Operettengalas, Theater- und Hochschulbälle sowie Sinfonie- und Neujahrskonzerte und vielseitige Ausstellungen, Kongresse und Tagungen wären ohne das Konzert- und Ballhaus „Neue Welt", das als eines der Schönsten seiner Art in Deutschland gilt, kaum vorstellbar. Dieses nach den Entwürfen des Architekten Johannes Henning gestaltete und vom Baumeister Emil Rascher errichtete, damals wie heute multifunktional nutzbare Veranstaltungszentrum, wurde am Pfingstsonntag 1903 eingeweiht. Zum Gebäudekomplex gehörte ursächlich auch ein Park mit Rosarium, ein Alpinum, mehrere Steinterrassen, Wasserspiele und zahlreiche Plastiken.

Durchgehende Rosenmotive, Terrassenbalustraden, Lüstergehänge, ein riesiger, in Form einer Sonnenblume gearbeiteter Kronleuchter, vervollständigt von zahlreichen ornamentalen Friesen, Lampen und Spiegeln sowie umfangreicher figürlicher Schmuck, geben dem Jugendstilsaal sein einmaliges und unwechselbare Ambiente.

1 | **Konzert- und Ballhaus „Neue Welt"**
Original Jugendstilfassade des nach den Entwürfen des Architekten Johannes Henning vom Baumeister Emil Rascher 1903 erbauten Etablissements für „Konzert und theatralischer Abendveranstaltung" mit angrenzender Parkanlage, heute: Sachsens größter Jugendstil-Terrassensaal mit Platz für rund 1000 Personen

2 | **Eingangsbereich des Konzert- und Ballhauses**
mit einem großräumigen und funktionalen Foyerneubau aus den 1980er Jahren mit Barbereich und Garderoben, geeignet für Empfänge und Präsentationen

3 | **Blick in den Terrassensaal**
als grandioses Ambiente für Veranstaltungen unterschiedlicher Genres wie Galabälle, internationale Tanzturniere, Modenschauen und Showveranstaltungen

**1-4 | Veranstaltungsreminiszenzen**
verschiedene Einblicke in das festliche Ambiente des Jugendstilsaales im Konzert- und Ballhaus „Neue Welt" mit unterschiedlichem Interieur

# Gediegene Parklandschaften und Muldeauen

Trotz einer über Jahrzehnte währenden Tradition als die Industriemetropole Westsachsens und den nicht selten daraus abgeleiteten negativen Umweltfolgen verfügt Zwickau über mehrere grüner – meist in unmittelbarer Zentrumsnähe gelegener – Oasen in Form einer Reihe von Parklandschaften und Flussauen. Zu den ersteren gehört die am südwestlichen Teil der City gelegene Parklandschaft mit dem von den Patriziern Martin Römer und Hans Federangel bereits 1473 künstlich angelegten „Schwanenteich" und der „Park am Planitzer Schloss". Das wohl flächenmäßig größte in den Jahren 1901 bis 1905 angelegte Naherholungszentrum ist der Weißenborner Stadtpark. In unmittelbarer Muldennähe gelegen gibt es drei weitere Ruhe und Gelassenheit ausstrahlende Parks, den „Schlobigpark", den „Konzertpark an der Neuen Welt" sowie das „Mulden-Paradies" auf dem Dach des Stadttunnels. Auch die zirka 14 km die Stadt östlich tangierende Aue entlang der Zwickauer Mulde bietet ein hervorragendes Refugium zum Relaxen, Spazierengehen, Radfahren, Gassigehen oder Feiern von Festen.

1 | **Teehaus nach ostasiatischem Vorbild**
errichtet 1789, also in der Spätphase des Barocks, als Belvedere

2 | **Blick in den Schlosspark**
1583 erstmalig als „Garten hinter dem Tor" erwähnt, nach mehreren Umbauten durch Hans-Christoph von Arnim und den Zwickauer Kunstgärtner Elgt wird der ehemalige Schlossgarten 1870/72 nach Plänen von Carl Eduard A. Petzold in einen ca. 4 ha großen Landschaftspark umgestaltet

3 | **Außenansicht Schloss Planitz**
wiederaufgebaut 1691 auf den Resten seiner seit 1430 nachweisbaren Vorgängerbauten als barockuntypische Zweiflügelanlage, die später unter Einbeziehung seiner Wirtschaftsgebäude zu einer unregelmäßigen in sich geschlossenen Vierflügelanlage umgestaltet wurde (heute: Heimstätte des „Clara-Wieck-Gymnasiums)

Gediegene Parklandschaften und Muldeauen

1 | **Blick auf die Bootsanlegestelle**
des 1473 bis 1477 von den Patriziern Martin Römer und Hans Federangel vorrangig für die Fischzucht künstlich angelegten Großen Teiches, der erst 1860 seinen heutigen Namen als Schwanenteich erhielt

2 | **Panoramablick auf den Schwanenteich**

3 | **Herbststimmung an der Uferpromenade des Schwanenteiches**

4 | **Freilichtbühne am Schwanenteichareal**
dieses Bauwerk wurde im Rahmen des Nationalen Aufbauwerkes (NAW) der DDR in rund 23.000 freiwilligen Aufbaustunden erbaut und im Jahr 1957 eingeweiht

Gediegene Parklandschaften und Muldeauen

1 | **Abendstimmung im Schlobigpark**
2 | **Blick in den um 1900 angelegten Schlobigpark**
mit Fußgängerbrücke über den Regenwassergraben in der neuen
Parkmitte nach seiner Neugestaltung in den Jahren 1997 bis 1999
3/4 | **Spielplatz für Kleinkinder im Schlobigpark**
mit skulpturalen Sitzschildkröten

Gediegene Parklandschaften und Muldeauen

1 | **Blick in den Park „Neue Welt"**
angelegt 1902/03 mit ehemals Rosarium, Alpinum, Steinterrassen und Steingrotte, in der Bildmitte befindet sich die Quellnymphe

2-5 | **Museen aus Kunststein im Jugendstilpark**
allesamt Kopien, die Originale stammen vom bedeutenden Zwickauer Bildhauer Karl Rudolf Mosebach

6 | **Nachbau einer Jugendstillampe**

7 | **Ruhezone im Park**
mit Parkbänken und gestaltetem Blumenbeet

1 | Muldenaue im Ortsteil Pölbitz/Crossen
2 | Zwickauer Röhrensteg von 1790
gebaut erstmals im Jahre 1535 als Teil eines Rohrleitungssystems zur Speisung von sechs öffentlichen Wasserkästen mit Frischwasser in die Zwickauer Innenstadt
3 | Radler auf dem Muldentalradwanderweg
4 | Kanutour auf der Mulde
5 | Winterpanorama entlang dem Radwanderweg
6 | Paradiesbrücke
gefertigt 1900 von einer schlesischen Firma für Brückenbau und Eisenkonstruktionen aus Grünberg

Gediegene Parklandschaften und Muldeauen

1 | **Hauptwanderweg im Waldpark „Weißenborner Wald"** bestehend vorrangig aus Fichten, Kiefern und Laubholzbeständen, aber auch mehreren Rhododendronhainen. Angelegt in der Zeit zwischen 1901 und 1905 auf Anregung des Zwickauer Oberbürgermeisters Karl Keil

2-3 | **Wegweiser im Stadtpark** mit Hinweisen zu verschiedenen waldspezifischen Sehenswürdigkeiten, Veranstaltungsorten und Gaststätten

4 | **Sagenumwobener Ort „Bellmannsbrunnen"**

5 | **Hochsitz am Rande des Stadtparks**

6 | **Teichpanorama in der Parkmitte**

Gediegene Parklandschaften und Muldeauen

## Außergewöhnliche Skulpturen und Denkmale

Zwickau ist reich an zahlreichen Skulpturen und Denkmalen. Die häufig im Stadtbild, besonders entlang des Dr.-Friedrichs-Ringes aufgestellten Kunstwerke sind meist jüngerer Natur und entstammen entweder der Handschrift territorialer Künstler wie z. B. Jo und Erika Harbort und Berthold Dietz oder sie sind das überwiegende Ergebnis zyklischer von der Stadt organisierter Workshops. Einige der Skulpturen entstanden auch von Studenten des Studienganges Holzgestaltung, Produkt- und Objektdesign der Fakultät „Gestaltung" der Westsächsischen Hochschule Zwickau im Rahmen von Praktika und Diplomarbeiten.
Was die im Folgenden dargestellten Denkmale betrifft, so sind diese sowohl jüngeren als auch älteren Datums.

1 | **Robert-Schumann-Denkmal**
geschaffen vom Leipziger Künstler Johannes Hartmann und eingeweiht am 8. Juni 1901 – steht heute wieder auf seinem ersten Standort auf dem Ostspiegel des Zwickauer Hauptmarktes

2-4 | **Verschiedene Sandstein-Skulpturen**
am Neubau der ehemaligen 1902/03 nach den Plänen des Zwickauer Architekten Paul Dreßler errichteten „Ingenieurschule Zwickau" (heute: Umbau des durch den Jugendstil beeinflussten historistischen Hauptbaus zum Finanzamt Zwickau)

1 | **Sonnenuhr im Kunstgarten** (Standort: Heinrich-Braun-Klinikum) mit dem Titel „Sonnenanbeter", geschaffen 2003 vom Chemnitzer Metallgestalter Ralph Siebenborn

Außergewöhnliche Skulpturen und Denkmale

2 | Skulptur „Kranichpaar"
(Standort: Schwanenteich-park/Schwanenschloss)
Bronze: geschaffen von Berthold Dietz

3 | Skulptur „Audio"
(Standort: Dr.-Friedrichs-Ring) geschaffen von Katrin Pannicke im Rahmen des Bildhauersymposiums 2006

4 | Skulptur „Duo Violincelli"
(Standort: Dr.-Friedrichs-Ring) geschaffen von Erika Habort im Rahmen des Bildhauersymposiums 2006

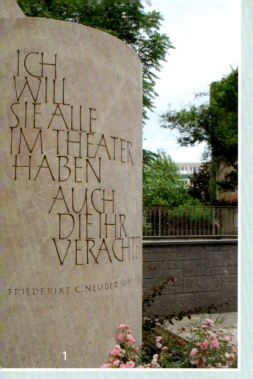

### Friederike Caroline Neuber (1697 – 1760)

*Friederike Caroline Neuber, später genannt: die Neuberin, wurde am 8. März 1697 in Reichenbach im Vogtland, als Tochter des Advokaten Daniel Weißenborn und seiner Frau Anna Rosine Wilhelm geboren.*

*1702 übersiedelt die Familie aus beruflichen Gründen des Vaters nach Zwickau, der am dortigen Gericht die Stelle eines Gerichtsinspektors übernimmt, wo sie auch ihre Jugendjahre bis 1717 verbringt. Ersten Schulunterricht in Lesen, Schreiben und Französisch erhielt sie von ihrer hochgebildeten Mutter, die leider schon 1705 verstarb, so dass sie von ihrem tyrannischen Vater, der das ungeliebte Kind auch misshandelte, allein aufgezogen wurde. Um diesem Schicksal zu entgehen, unternahm sie schon als 15-jährige einen ersten missglückten Fluchtversuch, der ihr 13 Monate Haft wegen Ungehorsam und Diebstahl einbrachte. 1716 entfloh sie mit ihrem Geliebten, Johann Neuber, einem Gehilfen ihres Vaters, den sie ein Jahr später, am 5. Februar 1718 im Braunschweiger Dom heiratete. Zunächst schlossen sich beide mehreren wandernden Schauspielgruppen an, bis sie 1727 die Neuber'sche Komödiantengesellschaft gründete, die noch im selben Jahr das sächsische Hofprivileg erhielt und in Leipzig ein festes Theater im Haus "Großer Blumberg" am Brühl errichtete. Als gebildete Vollblutkomödiantin achtete sie auf strenge Disziplin, schauspielerische Aus- und Weiterbildung. Großen Wert legte sie auch auf die Gewährleistung von festen Wohnungen und Gehältern der Schauspieler und trug somit maßgeblich zur ehrbaren Anerkennung dieses Berufsstandes bei. 1724 lernt sie den Literaturprofessor und Aufklärer Johann Gottfried Gottsched kennen. Mit ihm zusammen führte sie ein bürgerliches Theater in Deutschland ein, verbannte den „Hanswurst" von der Bühne und ließ Dramen nur noch in deutscher Hochsprache aufführen. Da sie streng auf Moral in ihrem Ensemble achtete, mussten Liebespaare in ihrer Truppe entweder heiraten oder abgehen. Ab 1734 verlor sie das Privileg eines festen Theaterbetriebes und ging wieder auf Tournee im gesamten deutschsprachigen Territorium.*

*Friederike Caroline Neuber starb am 29. November 1760 in Laubegast bei Dresden.*

Außergewöhnliche Skulpturen und Denkmale

1/2 | Skulptur „Friederike Caroline Neuber" (Standort: Neuberinplatz) geschaffen vom Bildhauer Wolfgang Jacob aus Gundelfingen zur Erinnerung an die große deutsche Theaterreformatorin. Das Kunstwerk wurde gestiftet 2005 von der in Zwickau geborenen Mäzenin, Frau Gisela Meierkord

3/4 | Thomas- Müntzer- Denkmal an der Zwickauer Katharinenkirche, geschaffen 1989 anlässlich des 500. Geburtstags des Reformators vom Berliner Künstler Jürgen Raue

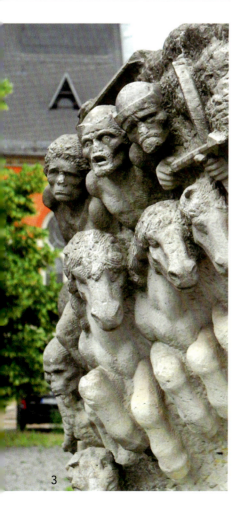

3

4

## Trabant – Legende auf Rädern

Die Geburtsstunde des mit der offiziellen Bezeichnung „P 50" – später auch als "Trabant" – bezeichneten Fahrzeuges ergab sich aus dem Ministerratsbeschluss 36/53 vom 14. Januar 1954. Den zur Konstruktion des Autos erforderlichen Entwicklungsauftrag erhielt übrigens schon im Herbst 1953 das Forschungs- und Entwicklungswerk Karl-Marx-Stadt. Der noch in reiner Handarbeit hergestellte Prototyp des Fahrzeuges wurde dann bereits im Frühjahr des gleichen Jahres der Öffentlichkeit präsentiert. Am 7. November 1957 startete mit 50 Fahrzeugen die Nullserie und am 10. Juli 1958 schließlich die Serienproduktion.

Insgesamt wurden bis zur endgültigen Einstellung der Produktion am 30. April 1991 3.096.099 Autos gefertigt. Der letzte „Trabi" mit Zweitaktmotor verließ allerdings schon im Juli 1990 die Bänder des Altwerkes. Nicht vergessen werden sollte die Tatsache, dass es im Laufe der Jahre eine Reihe von erfolgsversprechenden Weiter- und Neuentwicklungen gab, wie z. B. ab 1962 die Typen P 600, P 601 und P 602 bzw. ab 1965 den P 602 V. Neu entwickelt wurde auch ab 1966 ein P 603. Von diesem Mittelklasseauto gab es allerdings nur neun Funktionsmuster, sechs mit Skoda-Viertaktmotoren, zwei mit Kreiskolben- und einer mit einem Dreizylinder Wartburgmotor. 1970 bzw. 1973 wurde ein P 760 bzw. P 610 entwickelt, die einerseits vom Schöpfertum der Zwickauer Ingenieure, aber andererseits auch durch ihre Nichtverwirklichung von der Unfähigkeit des DDR-Wirtschaftssystems zeugten. Um die inzwischen auf mehr als zehn Jahre angewachsene Wartezeit beim Kauf eines Autos zu vermindern, wurde 1990 ein Erweiterungsbau in Mosel bei Zwickau verwirklicht, um das angestrebte Plansoll von 175.000 Fahrzeugen/Jahr zu erreichen. Da laut Politbürobeschluss vom Oktober 1984 der bisherige Zweizylinderzweitaktmotor durch einen inzwischen in Karl-Marx-Stadt gefertigten VW-Vierzylinderviertaktmotor ersetzt wurde, erfolgte die Serienproduktion im Neuwerk bereits mit diesem neuen Triebwerk. Die neue Bezeichnung des Autos hieß ab diesem Zeitpunkt „Trabant1.1".

Zur Wiedergeburt des Fahrzeuges gibt es neuerdings ein Konzeptauto mit dem Namen „Trabant nT", dass auf der IAA 2009 erstmals der Öffentlichkeit vorgestellt wurde.

Außergewöhnliche Skulpturen und Denkmale

1 | **Trabant-Denkmal auf dem Georgenplatz**
geschaffen 1998 von Berthold Dietz zur Erinnerung an eine Legende auf Rädern, die über 30 Jahre und mit einer Stückzahl von über 3 Millionen im VEB Sachsenring Automobilwerke Zwickau gefertigt wurde

2 | **VVN-Denkmal im Schwanenteichpark**
zur Erinnerung an die 324 Opfer des Naziregimes

3 | **Denkmal Bergbauehrung**
(Standort: Schedewitzer Brücke) geschaffen vom Plauener Künstler Schulz mit dem Untertitel „Steinkohlenabbau im Zwickauer Revier von 1348 bis 1978"

4 | **Hunt**
(Standort: Schedewitzer Brücke) Förderwagen mit Hinweisen zum Lehrpfad des Zwickauer Steinkohlenbergbaus, gestaltet vom Arbeitskreis Steinkohle e.V. Zwickau

5 | **Denkmal zur Ehrung Rosa Luxemburgs**
am Platz der Deutschen Einheit, geschaffen vom Zwickauer Bildhauer Jo Harbort

6 | **Skulptur „Vater und Sohn"**
auf dem ehemaligen Gelände des Erzgebirgischen Steinkohlenaktienvereins im Stadtteil Schedewitz zur Erinnerung an die über 600 Jahre während Bergbautradition des Zwickauer Steinkohlenreviers mit einer Gesamtfördermenge von über 220 Mill. Tonnen

7 | **Denkmal im Schwanenteichpark**
für die Gefallenen des Königlich Sächsischen 9. Infantrie-Regimentes Nr. 133, geschaffen 1922 vom Paul Berger

## Landgericht

Die Industrialisierung im Zeitraum zwischen 1840 und 1920 brachte der Bevölkerung der Stadt Zwickau nicht nur neuen Wohlstand, sondern auch eine Vielzahl neuer ganz den Baustilepochen des Historismus und der Gründerzeit verpflichteter Gebäude. Währenddem die Kirchenbauten meist im Stile der Neogotik entstanden, bediente man sich für weltliche Bauten eher dem Stile der italienischen und deutschen Neorenaissance mit ausdrucksstarkem Bossenmauerwerk in der Erdgeschosszone und einer streng symmetrischen Gliederung in den oberen Stockwerken. Die Fassadengestaltung war nicht selten durch einen z. T. übermäßigen Gebrauch von Schmuckelementen, wie z. B. Bogenportale, Eckpavillons und ionische Säulenpaare im Eingangsbereich, Pilaster und um-

laufende Friese sowie Seiten- und Mittelrisalite gekennzeichnet. Typische Beispiele für diese zuletzt genannten Merkmale sind die Gebäude rund um den heutigen Platz der Deutschen Einheit, wie z. B. das von Otto Wankel in den Jahren zwischen 1876 und 1879 erbaute Landgerichtsgebäude, der gleich daneben stehende von 1899 bis 1901 errichtete Gebäudekomplex der Justizvollzugsanstalt, das 1870 gebaute Bauwerk des ehemaligen Realgymnasiums sowie das 1884 in Betrieb genommene frühere „Kaiserliche Post- und Telegraphenamt", das bereits zwischen 1905 und 1907 eine weitere Geschossaufstockung erhielt. Bis auf das Gymnasium wurden alle genannten Bauwerke in den letzten Jahren komplex saniert und erstrahlen heute wieder in ihrer ursprünglichen Schönheit.

Landgericht

4

1 | „Blauer Salon"
ehemaliges Dienstzimmer des Präsidenten des Landgerichtes, heute: Sitzungssaal 345

2 | Historische Zellentür

3 | Historischer Saal
mit wertvoller Wand- und Deckenvertäfelung, heute: Sitzungssaal 344

4 | Schwurgerichtssaal
des Landgerichts Zwickau

# Ungewöhnliche Wasserspiele

Man könnte Zwickau auch scherzhaft als einen Ort bezeichnen, der sehr nahe am Wasser gebaut ist und in dem alle Brünnlein fließen, denn es gibt derzeit 20 Wasserspiele bzw. Springbrunnen, die sich einer permanenten städtischen Obhut erfreuen. Die meisten von ihnen, nämlich zwölf, befinden sich direkt oder in unmittelbarer Nähe des Stadtzentrums, wie z. B. der Domhof-, Kinder-, Flamingo-, Marktweiber-, Tuchmacher-, Bierbrauer-, Trink- und Kornmarktbrunnen sowie der Brunnen der Freundschaft, die Leuchtfontaine im Schwanenteich und das Fontainebecken am Alten Steinweg. Weniger bekannt, weil etwas außerhalb gelegen, sind die vier Brunnen im Stadtteil Planitz/Neuplanitz. Zu ihnen gehören der Kelch-, Schloss- und Fischbrunnen sowie der Wassergarten vor dem Planitzer Ärztehaus. Einer der schönsten ist neben dem Schwanenbrunnen der Brunnen im Jugendstilpark der „Neuen Welt".

1 | Brunnen „Putto und Schwan"
im Jugendstilpark des Konzert- und Ballhauses „Neue Welt", Leipziger Straße 182, geschaffen 1903 vom Zwickauer Bildhauer Karl-Rudolf Mosebach

2 | „Kornmarktbrunnen"
mit einem stilisierten Wasserrad und fünf steinernen Getreidesäcken aus französischem Granit zur Erinnerung an den ehemaligen Standort einer Mühle, geschaffen 1998 vom Bildhauer Wolfgang Jacob aus Gundelfingen. Gestiftet wurde das Kunstwerk von der in Zwickau geborenen und jetzt in Freiburg im Breisgau lebenden Mäzenin, Frau Gisela Meierkord

Ungewöhnliche Wasserspiele

1 | „Kinderreigenbrunnen"
auf dem Zwickauer Hauptmarkt, geschaffen 1968 vom Lichtentanner Bildhauer Berthold Dietz

2 | „Schwanenbrunnen"
am Zwickauer Schwanenteichareal, gestiftet 1932 vom Zwickauer Unternehmer Albin Adolf Barth

3 | „Tuchmacherbrunnen"
auf der Zwickauer Katharinenstraße, geschaffen 1984 vom Lichtentanner Bildhauer Berthold Dietz

4 | „Brunnen der Freundschaft"
auf dem Zwickauer Schumannplatz, geschaffen vom Zwickauer Bildhauer Jo Harbort

5 | „Bierbrauerbrunnen"
auf der Zwickauer Katharinenstraße, geschaffen 1984 vom Zwickauer Bildhauer Jo Harbort

6 | „Marktweiberbrunnen"
auf der Zwickauer Katharinenstraße, geschaffen 1984 vom Chemnitzer Bildhauer Volker Beier

# Einkaufsstadt Zwickau

Der Stadt Zwickau sagt man schon über viele Jahrzehnte hinweg einen guten Ruf als führende und pulsierende Einkaufsstadt Westsachsens nach. Neben dem zentralen Einkaufstempel, den „Zwickau Arcaden" mit seinen über 70 integrierten Einzelhändlern und 15 Dienstleistern, verfügt die City auch über weitere zahlreiche Kaufhäuser und Geschäfte sowohl des gehobenen als auch des normalen Einkaufsstandards. In den letzten Jahren wurde im südlichen Stadtteil Schedewitz auf dem Areal des damaligen „Erzgebirgischen Steinkohlenaktienvereins" mit seinen ehemaligen Schächten und einer Kokerei eine verstärkte Neuansiedlung von besonders großen Warenhausketten vollzogen.

1 | Einkaufsbummel in der Zwickauer Hauptstraße
2 | Innere Plauensche Straße
3 | Äußere Plauensche Straße

Einkaufsstadt Zwickau

1 | Einkaufspassage Zwickau Arcaden
2-6 | Zwickauer Traditionsgeschäfte in der unmittelbaren Innenstadt

## Bildung und Wissenschaft

Zwickau verfügt über ein breites Spektrum von Bildungs- und Hochschulkapazitäten. Zu den ersteren gehören elf Grund-, fünf Förder- und sechs Mittelschulen. Außerdem gibt es noch fünf Berufsschulzentren und drei Gymnasien, zwei davon in staatlicher und eins in kirchlicher Trägerschaft sowie das weit über die sächsischen Landesgrenzen hinaus bekannte Robert-Schumann-Konservatorium. Schließlich vervollständigt eine Vielzahl von vor allem privat geführten Bildungsinstituten die Bildungspalette in der Stadt. An der Spitze der Wissenschaft, und damit ein zuverlässiger Praxispartner für die territorialen Unternehmen, steht die Westsächsische Hochschule Zwickau mit ihren derzeit neun Fakultäten, 36 Studiengängen und rund 5200 Studenten. Mit der Europa Fachhochschule Fresenius gibt es außerdem eine weitere staatlich anerkannte private Fachhochschule. Beide Hochschulen werden durch das Business and Innovation Centre sowie das Volkswagen Bildungsinstitut tatkräftig unterstützt.

## Westsächsische Hochschule Zwickau (FH)
University of Applied Sciences

1 | **Westsächsische Hochschule Zwickau**
   Blick in den Großen Hörsaal der WHZ in der Äußeren Schneeberger Straße während einer Vorlesung in der Fakultät Maschinenbau

2 | **Rennwagen FP 309**
   Der von Studenten der Westsächsichen Hochschule in Eigenregie gebaute Rennwagen FP 309, genannt Horst, erfreute sich regen Interesses auf der Internationalen Automobilausstellung 2009 in Frankfurt a. M.

3 | **WHZ Racing Team**
   Größte Erfolge in der Saison 2009 waren ein 7. Platz in Silverstone und zahlreiche Auszeichnungen u. a. für Design und die beste Klebeverbindung am Fahrzeug

# campus³

Magazin der Westsächsischen Hochschule Zwickau · 3. Jahrgang / Nr. 1 / März 2009

**Inhalt**

Themenschwerpunkt: Die Hochschule mitten in Westsachsen

Mehr als 5 Millionen an Forschungsmitteln

Förderverein Mentor verstärkt Imagearbeit

Bildung und Wissenschaft

1 | **Titelbild auf der Hochschulzeitschrift**
eines autonomen Modellfahrzeuges im Maßstab 1:10, gefertigt von der „Student´s Autonomous Drive Initiative" der Fakultät Elektrotechnik der Westsächsischen Hochschule

2 | **Fakultät „Physikalische Technik/Informatik"**
Studenten bei Versuchen während ihres Praktikums auf dem Gebiet „Fertigungsverfahren der Halbleitertechnik" im Reinraum des Technikums II der WHZ

3 | **Forschungs- und Transferzentrum (FTZ) an der WHZ**
Prof. Stan und sein Team vor dem Muster eines neuartigen Hybridantriebes (Prof. Dr.-Ing. habil. Prof. E. h. Dr. h. c. Cornel Stan lehrt Technische Thermodynamik, Verbrennungsmotoren und Alternative Antriebssysteme an der WHZ sowie an den Universitäten von Paris, Pisa, Perugia und Berkeley)

4/5 | **Studenten bei Laborpraktika**
im Rahmen ihres Studiums

6 | **Internationale Automobilausstellung Frankfurt 2003**
Protoyp eines vom FTZ entwickelten Hybridautos

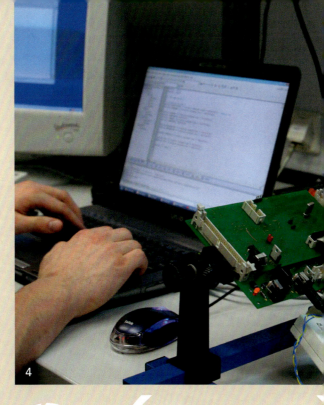

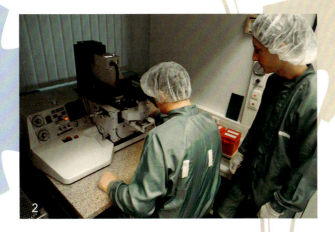

1 | **Azubis im VW-Bildungsinstitut**
Konstruktions-, Werkzeug- und Industriemechaniker/-innen bei der Grundlagenausbildung Metall

2 | **Azubis im VW-Bildungsinstitut**
Kfz-Mechatroniker/-innen bei der Montage von Fahrwerkkomponenten

3 | **Clara-Wieck-Gymnasium Zwickau**
Schüler des Gymnasiums in historischen Gewändern im Rahmen einer Musizierstunde

4 | **Schlossfestambiente 2009**

5 | **Kinderchor des Clara-Wieck-Gymnasiums**
während eines Auftrittes in einer Zwickauer Kirche

Bildung und Wissenschaft

# Fantastische Nachtansichten

Nicht selten wird in Bildbänden die Schönheit und Liebenswürdigkeit eines darzustellenden Objektes durch Nachtaufnahmen ergänzend zum Ausdruck gebracht. Folgerichtig wurden ten deutschen Sprichwort, das bekanntlich besagt, dass „bei Nacht alle Katzen grau sind" – ebenfalls einige fantastische Nachtaufnahmen integriert, die sich besonders auf altehrwürdige und modernere

1 Nächtliches Muldenpanorama
2 Nachansicht am Kornmarkt
  mit der Silhouette des Doms, des "Schiffchens" (rechts) und der Ackerbürgerhäuser (links)
3 Fußgängertunnel „Bahnhofstraße"
  mit Blick in den nördlichen Eingangsbereich

1 **Abendstimmung**
auf dem Westspiegel des Zwickauer Hauptmarktes

2 **Nächtliche Silhouetten**
des Zwickauer Rat- und Gewandhauses

3 **Nächtliche Innenansicht**
im Fußgängertunnel in der Zwickauer Bahnhofstraße

3

## Industrie und Handwerk

Obwohl Zwickau schon auf eine langjährige, bis ins Mittelalter zurückreichende handwerkliche Tradition – bedingt durch den Silber- und Steinkohlenbergbau – zurückblicken kann, begann der eigentliche wirtschaftliche Aufschwung der Stadt ab 1830 mit dem nach Steinkohle gierenden deutschlandweiten Einsatz der Dampfmaschine sowie mit dem 1845 vollzogenen Anschluss Zwickaus an das Königlich Sächsisch-Bayerische Eisenbahnnetz. Viele neue Schächte schossen wie Pilze aus dem Boden und mit ihnen viele andere Betriebe, wie z. B. die Königin-Marien-Hütte, Maschinen- und Seilfabriken, Fabriken zur Steinzeug-, Glas- und Porzellanherstellung sowie der Textilindustrie, Chemische Werke und die Automobilwerke Horch und Audi. Heute sind in der Stadt 6201 Unternehmen angemeldet, darunter 188 Industrie- und 1191 Handwerksbetriebe sowie 1503 Händler und Gaststätten.

1 | **Volkswagen Sachsen GmbH**
Lackiererei

2 | **Nordansicht des Automobilwerkes VW Sachsen GmbH**
mit 6500 Beschäftigten größter Arbeitgeber der Stadt und des Freistaates Sachsen

3 | **Volkswagen Sachsen GmbH**
Montage Golf Triebsatzvormontage

4 | **Volkswagen Sachsen GmbH**
Karosseriebau Golffertigung Türenmontage

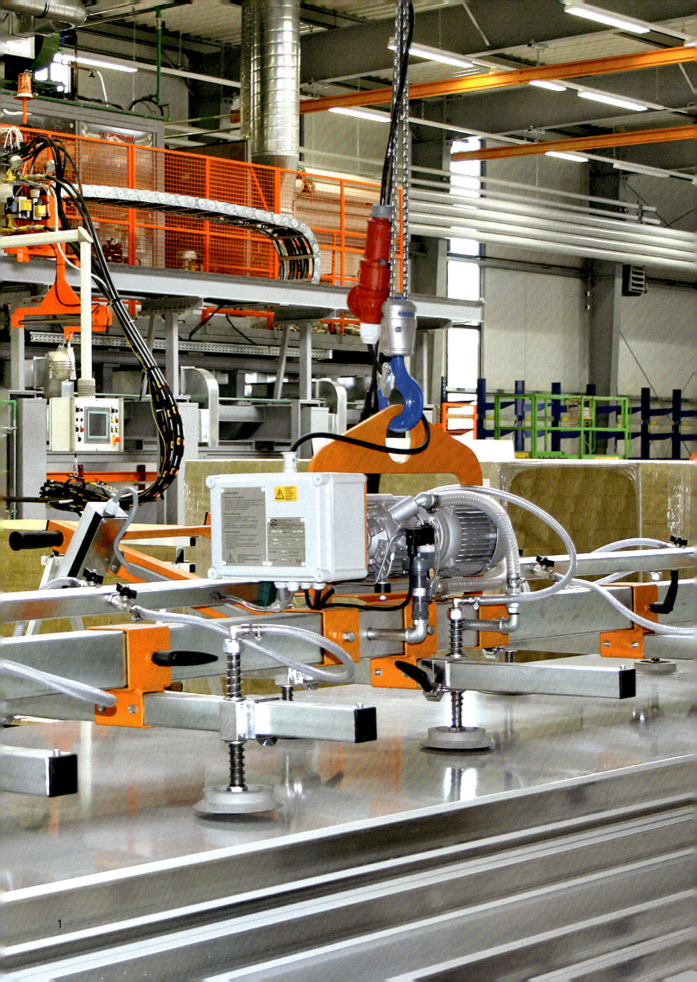

1 | **Hightech-Etagenschäumanlage E2**
Anlage für Schaumelemente bis 6000 mm Länge aus Polyurethan

2 | **ILKAZELL Isoliertechnik GmbH**
Bedienung einer V 170 – CNC Abkantpresse zur Kantung von Blechen bis zu 3 mm

3 | **TC 5000 – CNC-Stanz-Nibbel-Maschine**
zum Abschneiden von Blechwerkstücken aus Blechtafeln

Industrie und Handwerk

1 | **Einblick in einen Fahrzeug- und Leistungsprüfstand**
der Versuchsabteilung der Firmen FES GmbH Fahrzeug-Entwicklung Sachsen und Auto-Entwicklungsring Sachsen GmbH, dem größten sächsischen Entwicklungsdienstleister mit 600 Mitarbeitern – tätig auf den Gebieten Konzept- und Gesamtfahrzeugentwicklung, Entwicklung Karosserie und Bordnetz, Entwicklung Fahrwerk, Versuchsbau, Versuch und Technische Dokumentation

2 | **Missbrauchsprüfung**
Auftrittsversuch am Schweller

3 | **Dauer- und Betriebsfestigkeitsprüfung**
Erprobung, gegebenenfalls unter Temperaturbelastung, auf der Hydropulsanlage

4 | **Dauer- und Betriebsfestigkeitsprüfung**
Abgasemissionsprüfung, Kraftstoffverbrauchs-, Leistungs- und Akustikmessung auf dem Rollenprüfstand

5/6 | **Beständigkeitsuntersuchungen, Klima- und Sonnenlichtsimulation**
Sonnenlichtsimulation für KfZ-Interieur

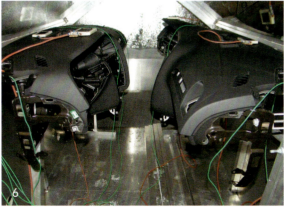

1 | **Projektbesprechung**
im Zwickauer Büro der G.U.B. Ingenieur AG, eines Unternehmens mit 170 Mitarbeitern, umfangreichen nationalen und internationalen Erfahrungen (u. a. Projekte in China, der Mongolei, Ungarn, Armenien, Kolumbien, Vietnam und Südafrika) bei der Realisierung von Ingenieurleistungen auf dem Sektor der Geo-, Umwelt- und Bautechnik, aber auch der Geophysik, Geoinformatik und Ingenieurvermessung. Die G.U.B. Ingenieur AG ist Träger des Sächsischen Staatspreises für Baukultur 2008 als Entwurfsverfasser.

2/4 | **Vermessungsarbeiten in Battambang (Kambodscha)**
für den Bau einer Abwasserbehandlungsanlage in der Stadt.

3 | **Böschungssicherung in Nepal**
unter Anwendung von ROFA®-Matten in ingenieurbiologischer Bauweise.

Industrie und Handwerk

1 | **Glaserei Holzbau Goldberg**
   im Bild: Glasermeister Jens Goldberg bei der Bedienung eines hochproduktiven Bearbeitungszentrums zur Treppenherstellung

2 | **Sanitätshaus Alippi (seit 1877)**
   im Bild: Orthopädiemechanikmeisterin Dana Teufel bei der Arbeit an einer Beinprothese

3 | **Augenoptik Beyer (seit 1933)**
   Familienunternehmen in der 5. Generation. Im Bild: Augenoptikermeisterin Susanne Haas im modernen Augenprüfraum

4 | **Buchbinderei Weith (seit 1906)**
   im Bild: die Buchbindemeisterin, Kathrin Kobarg-Weith, vom gleichnamigen Familienunternehmen bei Arbeiten an der Schlagschere und Heißprägemaschine für Titelprägungen von Doktor- und Diplomarbeiten bzw. Büchern

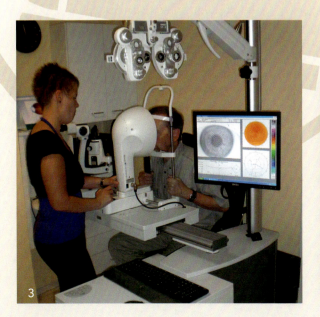

## Lifestyle und traditionelle Feste

Als kulturelles Oberzentrum für rund 350.000 Einwohner der Stadt und des Landkreises ist Zwickau mehrmals im Jahr Gastgeber für verschiedene Feste. So findet jedes Mal Ende August des Jahres das obligatorische Stadtfest in der Zwickauer City statt mit fast 200.000 Besuchern, viele davon aus dem neuen Großkreis, aber auch aus dem Vogtland, Erzgebirge und sogar aus Bayern und Thüringen. Ein fast ebenso großer Zuschauermagnet ist das in regelmäßigen Aständen im Sommer auf dem Flugplatzgelände stattfindende „Internationale Trabantfahrer-Treffen" mit verschiedenen Attraktionen und Wettbewerben, einer „Pappen-Rallye", der Wahl einer „Trabi-Queen" sowie einer mehrere hundert Fahrzeuge umfassenden „Trabi-Live-Parade". Alljährlich im Herbst findet das besonders bei der Jugend sehr beliebte Kneipenfest entlang der „Zwickauer Kneipenstraße" und des innenstadtnahen Areals statt. Geöffnet für ihre Gäste haben dann bis früh in den Morgen etwa 40 Gaststätten mit überwiegend Live-Musik. Absolute Renner in der Besuchergunst bilden auch die beiden in der Adventszeit stattfindenden Veranstaltungen, der „Große Bergaufzug der Sächsischen Bergbrüderschaften" und der weit über die Stadtgrenzen hinaus bekannte und beliebte „Zwickauer Weihnachtsmarkt". Nicht unerwähnt bleiben darf auch der im Vierjahresrhythmus stattfindende „Internationale Robert-Schumann-Wettbewerb für Klavier, Gesang und Chor.

Adventsstimmung auf dem Zwickauer Weihnachtsmarkt

Stadtfestatmosphäre auf dem Zwickauer Hauptmarkt

Lifestyle und traditionelle Feste

1/2 | **Gaukler in historischer Tracht**
auf dem Zwickauer Altstadtfest
3 | **Beachvolleyball**
Lebensfreude pur auf dem Zwickauer Hauptmarkt

Spielszene aus dem DHB-Pokal 4. Runde Handball/Frauen
zwischen dem BSV Sachsen Zwickau (2. Bundesliga) gegen Frisch Auf Göppingen (1. Bundesliga)

RSC-Rollis Zwickau (1. Bundesliga) gegen Köln 99ers (1. Bundesliga)
Spielszene aus der Vorrunde des Champions Cup 2009

Lifestyle und traditionelle Feste

Kopfballduell Zwischen Robert Pietsch (FSV) und René Hensel
aus dem Oberligaspiel: FSV Zwickau gegen 1. FC Lok Leipzig

1 | **Auftritt der Donots**
 beim Stadtfest im Jahre 2007
2 | **Classics unter Sternen**
 auf dem Zwickauer Hauptmarkt 2008
3 | **WM-Boxkampf**
 in der Zwickauer Stadthalle
4 | **Stadthallenambiente**
 während eines Pop-Konzertes

## Zwickauer Kneipenstraße

Die im Herzen der Stadt gelegene und offiziell dem wohl größten Zwickauer Bildschnitzer des Mittelalters, Peter Breuer, gewidmete Straße, trägt inoffiziell den schmückenden Beinamen „Zwickauer Kneipenstraße". Dieser Name resultiert aus der Tatsache, dass sich in dieser Straße auf einer Länge von zirka 200 Metern 16 Gaststätten etabliert haben. Einmal im Jahr findet übrigens die weit über ihre Grenzen hinaus bekannte „Zwickauer Kneipennacht" statt, mit tausenden von Besuchern aus ganz Sachsen. Im östlichen Teil der Straße befindet sich die Gaststätte „Glück Auf", eine gemütlich urige Kneipe im Ambiente eines Schachtes, die auch heute noch an die langjährige Bergarbeitertradition Zwickaus erinnert.

1 | Straßenansicht „Zwickauer Kneipenstraße"
2 | Ambiente im Gastraum der Brasserie „Philine's"
3 | Blick in den gotischen Weinkeller der Brasserie
4 | Sonnenterasse der Gaststätte Sky-Lounge
5 | Ambiente im Gastraum der Sky-Lounge

1 | Gastraum „Grünhainer Kapelle"
2 | Gaststätte „Glück Auf"
Einblick in den Gastraum „Gezähekammer" mit repräsentativen Werkzeugen der Bergleute
3 | **Sudhaus mit Braukesseln**
in der „1. Zwickauer Gasthausbrauerei", einer Gaststätte mit einmaligem mittelalterlichem Ambiente

Zwickauer Kneipenstraße

Modernes Interieur in der Restaurantbar „Confetti" des Hotels Holiday Inn im Bereich des Kornmarktes der Zwickauer Kneipenstraße

Zwickauer Kneipenstraße